KOCHEN MIT JOGHURT

KOCHEN MIT JOGHURT

ELAINE HALLGARTEN

XENOS
RATGEBER

Art Director Peter Bridgewater
Verlegerische Planung Cheen Horn
Fotograf John Heseltine

Rechte der deutschen Ausgabe 1985 bei
XENOS Verlagsgesellschaft mbH,
Am Hehsel 42, 2000 Hamburg 63

ISBN 3-8212-0247-5

Übersetzung P. Bewicke
Umschlaggestaltung Künne & Künne Werbeagentur, Hamburg
Printed in Germany

Inhalt

Spinatroulade

EINFÜHRUNG

Milchkulturen und die Produkte, die sie erzeugen, sind das Thema dieses Buches. Kulturen oder Gärstoffe, d. h. Bakterien, werden unter kontrollierter Hitze der Milch beigefügt, die dann gerinnt und zum gewünschten Produkt der großen Milchfamilie wird. Werden jedoch sowohl eine Bakterienkultur als auch ein Lab der Milch beigefügt, so ist das Ergebnis kein Milchferment wie z. B. Joghurt, sondern ein Käse. Hierbei werden Rahm und Molke getrennt. Bei unserem Zweig der Milchfamilie werden sie zusammengelegt — und zusammen gegessen: in Form von Joghurt, saurer Sahne, Buttermilch usw.

Um mit diesem Buch umgehen zu können, werden *Ihnen* also keine „kulturellen" Höchstleistungen abverlangt. Sie müssen weder Bratsche spielen noch ein Gemälde malen noch ein Sonett dichten. Unter „Kultur" verstehen wir in unserem Zusammenhang ganz etwas anderes, und Milchkulturen verrichten ihre Arbeit selbst. Man muß nur wissen, wie man mit ihnen umgeht.

Das heute wohl bekannteste Produkt einer Milchkultur ist der Joghurt, der in den letzten 20 Jahren einen erstaunlichen Aufstieg vom weitgehend unbekannten Bestandteil der Küche des Nahen Ostens zu weltweiter Beliebtheit erlebt hat. Dem Joghurt werden schier außergewöhnliche Eigenschaften zugeschrieben, besonders seitdem Wissenschaftler vor etwa 100 Jahren damit anfingen, mit zunehmender Begeisterung die mikrobiologischen Wandlungen, die die Milch während der Gärung durchmacht, genauer unter die Lupe zu nehmen. Damals entdeckte ein russischer Wissenschaftler, Ilja Mechnikow, den im Joghurt enthaltenen Mikroorganismus (siehe im Glossar unter Joghurt). Bereits in der Antike wurde saure Milch Ruhr-, Tuberkulose- und Leberkranken als Heilmittel verschrieben. Bei vielen anderen Krankheiten wurde sie ebenfalls angewandt. Saure Milch — so fand man heraus — war leichter verdaulich als frische. Heute noch greifen Mediziner auf Milch zurück, um den Nebenwirkungen einiger Antibiotika, die lebenswichtige Darmflora zerstören, Einhalt zu gebieten.

Neugierig geworden durch die dem Joghurt nachgesagte Heilwirkung, fragte ich einen Facharzt für Magen- und Darmerkrankungen über die medizinische Anwendung aus. Er meinte, es wäre noch nicht erwiesen, daß die Aufnahme von Milchsäurebakterien einen auch nur irgendwie gearteten medizinischen Erfolg gezeitigt hätte. Auf der anderen Seite würde sie aber auch niemandem schaden. Somit sollte man wohl in kontrollierten Testverfahren prüfen, ob dem Joghurt ein therapeutischer Nutzen ernsthaft zugeschrieben werden kann.

Joghurt-Fans können eine breite Auswahl an Milchsäureprodukten genießen, und jeder Joghurt-Liebhaber, der auf „Entdeckungsreise" geht, wird jede Menge bisher „unbekannte" Arten zutage fördern.

Jeder Joghurt „lebt", da ihm lebende Mikroorganismen zugefügt werden. Wenn Sie Joghurtprodukte verschiedener Hersteller probieren, werden Sie feststellen, daß sie in der Konsistenz voneinander enorm abweichen und auch unterschiedlich sauer sind. Massenware wird wahrscheinlich milder und fester sein als Joghurt, der in kleinen Molkereien hergestellt wird. Das kann man jedoch nicht verallgemeinern, und Sie werden durch Versuche selber feststellen, welche Art von Joghurt Sie bevorzugen. Massenprodukte können auch variieren. Einige Joghurtsorten reifen im Becher und sind daher fester, während andere bereits gereift in die Gläser abgefüllt werden.

Viele Leute stellen ihren Joghurt lieber selber her. Wenn Sie viel Joghurt — zum Kochen oder zum „pur" Essen — verbrauchen, empfiehlt sich auch für Sie die eigene Herstellung. Es ist nicht schwer, und ich gebe Ihnen auf Seite 13 Hinweise über die verschiedenen Methoden. Ebenso wie Fabrikware verschieden sein kann, fällt auch der selbstgemachte Joghurt unterschiedlich aus. Selbst wenn man das

gleiche Verfahren und die gleichen Zutaten benutzt, kann das Ergebnis jedes Mal anders ausfallen. Es kann dünner oder dicker, mehr oder weniger sauer sein. Gerade das macht — so finde ich — die Do-it-yourself-Methode zu einem faszinierenden Abenteuer.

Ich hatte immer angenommen, daß er, da Joghurt im Nahen Osten ein wichtiges Nahrungsmittel war, in vielen Rezepten aus dem Mittelmeerraum enthalten sein würde. Zu meiner Überraschung stellte ich fest, daß er im großen und ganzen zum Kochen wenig genutzt wird.

Ein griechischer Restaurantbesitzer erzählte mir, daß der Joghurtverbrauch im Laufe des Tages zwar hoch sei, er zumeist aber als Beilage zu anderen Gerichten serviert würde — entweder als Sauce oder im Salat oder als Nachtisch, dann meist mit Honig. Dies bestätigte ein armenischer Joghurt-Fabrikant, der mich bereitwillig in die Joghurtrezepte der Familie einweihte.

Joghurt ist ein häufiger Bestandteil der indischen Küche; er kommt in vielen Rezepten vor. Auch die jüdische Küche, die ihren Ursprung in vielen verschiedenen Ländern hatte, und die Küche des heutigen Israel benutzen Molkereiprodukte in großen Mengen, meist darum, weil die Diätvorschriften der Juden das Mischen von Milch und Fleisch verbieten. Das Hauptgericht besteht nur aus Molkereiprodukten (natürlich in Verbindung mit Obst, Gemüse und Fisch). Somit haben Joghurt, Quark und saure Sahne einen festen Platz in der jüdischen Küche und werden in Israel einfallsreicherweise in einer breiten Palette von Fettgehalten hergestellt. Selbst fettarme Ware schmeckt dort bemerkenswert sahnig. Hersteller in anderen Ländern könnten sich davon eine Scheibe abschneiden.

Beim Kochen mit Joghurt darf man nicht vergessen, daß er bei hohen Temperaturen gerinnt, was zwar dem Geschmack des Gerichtes nicht abträglich ist, wohl aber sein Aussehen beeinträchtigt. Wird der Joghurt nicht erst in der letzten Minute, sondern vom Kochbeginn an der Speise zugefügt, ist es ratsam, ihn zu stabilisieren. Dazu fügen Sie dem Joghurt vor dem Kochen entweder geschlagenes Eiweiß oder Kar-

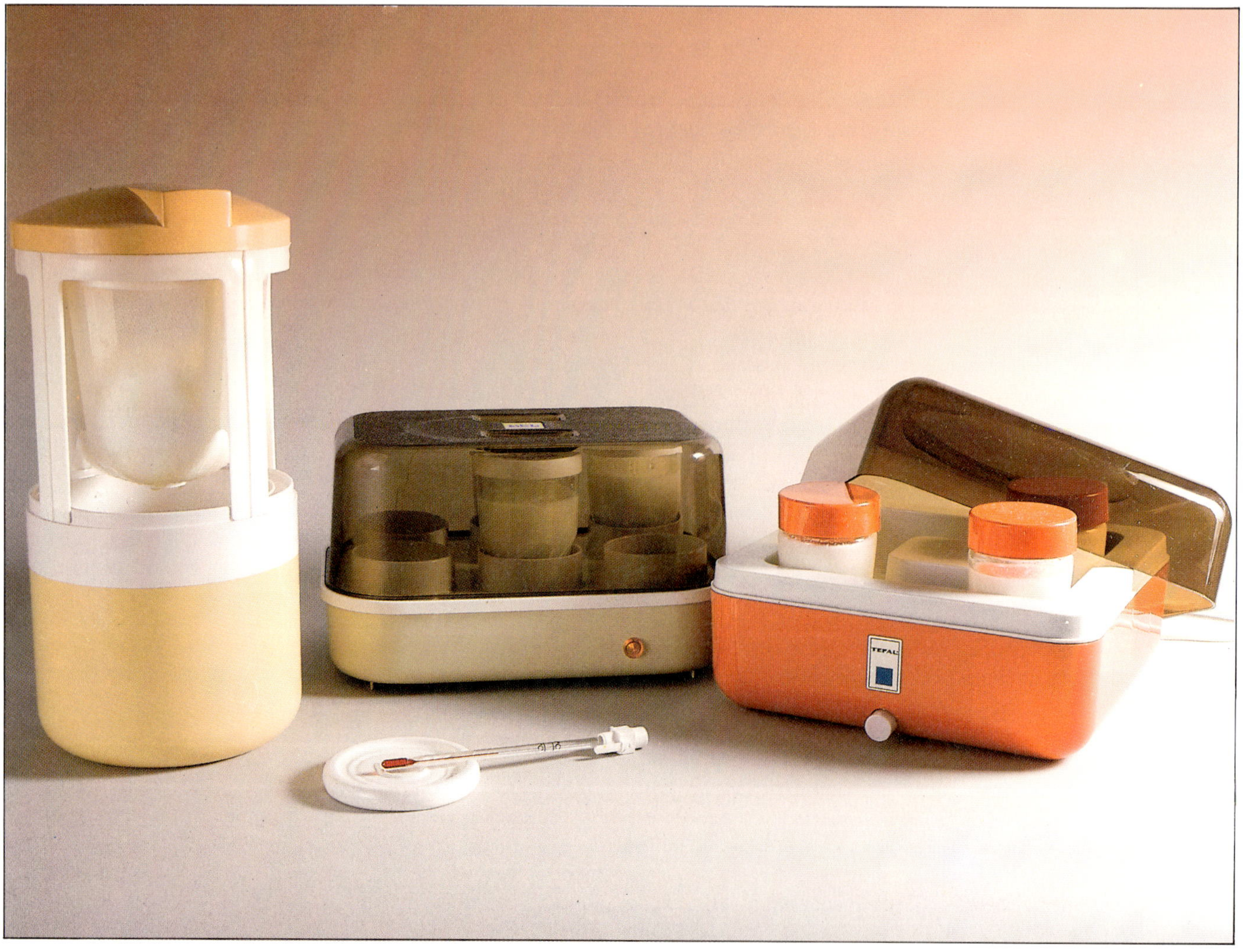

Verschiedene Joghurt-Geräte stehen zur Wahl, die das Anfertigen eigenen, hausgemachten Joghurts wesentlich vereinfachen. Die beiden Geräte rechts haben ein Thermostat und halten den Joghurt bei gleichbleibender Temperatur, während das links abgebildete Gerät durch Isolierung den Joghurt bei weitgehend gleichbleibender Temperatur hält. Vorn sind zu sehen: ein Thermometer und ein keramischer Milch-Sparer, der durch Rasseln im Topf anzeigt, daß die Milch gleich überkocht.

toffelmehl (Maizena, Mondamin) bei. Der Einfachheit halber gebe ich in den Rezepten stets Kartoffelmehl an, wenn der Joghurt stabilisiert werden muß. Machen Sie sich aber keine Sorgen, wenn in einem Rezept, in dem Joghurt anscheinend erhitzt wird, kein Kartoffelmehl vorkommt. Ich denke z. B. an Tandoori-Huhn, das auch ohne Stabilisator gelingt. In anderen Fällen hat ein in den Zutaten enthaltenes ganzes Ei die gleiche Wirkung wie Kartoffelmehl.

Für einige meiner Rezepte benötigen Sie Joghurt, dem das überschüssige Wasser entzogen wird. Wie dies gemacht wird, können Sie auf Seite 12 nachlesen. Diesen „entwässerten" Joghurt kann man zwar fertig kaufen, jedoch wird man lange danach suchen müssen. Der Verarbeiter kauft Joghurt von einer Molkerei und füllt ihn zum Abtropfen in einen extra angefertigten Kopfkissenbezug, in dem er 24 Stunden hängenbleibt. Das Ergebnis wird unter dem arabischen Namen „Labnie" verkauft. Es ist dick und weich und ziemlich sauer.

Joghurt wird auch zum Marinieren gebraucht. Einer Weinmarinade ähnlich, macht seine Säure das Fleisch zart.

Ob nun Joghurt die ihm zugeschriebenen heilsamen Eigenschaften hat oder nicht — er hat einen langen Stammbaum. Er wurde von Nomadenstämmen im Nahen Osten und in Rußland gegessen und ist mit den Kefir-Getränken verwandt, die heutzutage in vielen Ländern anzutreffen sind, besonders in Skandinavien, der Sowjetunion und dem Nahen Osten. Seit einigen Jahren sind sie auch bei uns erhältlich.

Kefir oder Milchferment-Getränke entstanden früher durch das Sauerwerden der Milch. Dies wurde durch bestimmte Milchsäure produzierende Bakterien bewirkt. Alkoholische Gärung ist auch möglich. Die Methode, die zum Ansäuern der Milch benutzt wurde, variierte von Land zu Land. Sie hing vom Klima ab, von den Bakterien und von den Aufzuchtmethoden des Milchviehs, seien es Ziegen, Kamele, Esel, Schafe oder Kühe. Darum gibt es so viele Milchferment-Getränke, die unter verschiedenen Namen bekannt sind, aber ähnliche Eigenschaften besitzen. Im Prinzip ist die Herstellungsmethode bis heute unverändert, ganz gleich, ob das Produkt kommerziell oder zu Hause hergestellt wird.

In Skandinavien machen diese Getränke einen Großteil des Milchkonsums aus. In Finnland werden beispielsweise acht verschiedene Arten, darunter fettarme und fettfreie, verkauft. (Für Leute, die in diese Gegend reisen und die verschiedenen Sorten probieren möchten, werden im Glossar einige gängige Begriffe erläutert.) Die Mühe lohnt sich. Solche Getränke sind stets hygienisch und erfrischend. In manchem Land sind sie das gesündeste Getränk, das erhältlich ist.

Das einzige einheimische Milchferment-Getränk, das auch nur annähernd weit verbreitet ist, ist die Buttermilch. In früheren Zeiten war sie tatsächlich die Milch, die übrig blieb, nachdem der Rahm zu Butter geschlagen war. Heutzutage ist Buttermilch meist entrahmte Milch, der eine Milchkultur beigefügt wurde. Sie ist fettarm und eignet sich gut für die Diätkost. Sie wird seit Jahrhunderten dazu genutzt, Kuchen und Kekse leichter und bekömmlicher zu machen.

Saure Sahne, die ebenfalls seit Jahrhunderten fester Bestandteil der mittel- und osteuropäischen Küche ist, wird auch in anderen Ländern immer beliebter. Die Herstellungsmethode ist die gleiche wie beim Joghurt. Bakterien (aber andere Kulturen als beim Joghurt) werden der Sahne beigefügt, die dann so lange bei einer konstanten Temperatur gehalten wird, bis sie fest und sauer geworden ist. Als schmackhafte Abwechslung von süßer Sahne schmeckt sie trotz des Namens nicht sauer. Sie reichert Saucen, Suppen und Gulasch an und stellt die Grundlage mancher Desserts und Backwaren dar. Rezepte aus Rußland, Ungarn, Österreich und Polen enthalten mitunter saure Sahne unter dem Namen „Smatana". Sie ist sowohl einfach als auch in der Doppelrahmstufe erhältlich und kann immer dort genutzt werden, wo saure Sahne benötigt wird. Beide Sorten sind fettärmer als die in Deutschland erhältliche saure Sahne. Sie sind etwas wässriger, was aber beim Kochen nichts ausmacht.

Weichkäsesorten sind die anderen Mitglieder der Milchkulturgemeinde. Sie gibt es am längsten. Archäologen haben bei Ausgrabungen entdeckt, daß man schon im Bronze-Zeitalter und im alten Ägypten Käse gekannt hat. In ägyptischen Gräbern fand man Schalen mit Löchern im Boden, durch die die Molke abfloß. Es gibt zwei Hauptgruppen von Weichkäsesorten: gereifte und ungereifte. Ich habe mich hier nur mit ungereiften — im Gegensatz zu den gereiften, wie z. B. Brie und Camembert — befaßt. Weichkäse ist sehr verderblich und muß nach dem Abgießen alsbald verkauft und verzehrt werden. Wenn er zu lange liegt, wird er sauer, obwohl die moderne Kühltruhe ihm zu einem längeren Leben verholfen hat. Weichkäsesorten werden im Glossar unter folgenden Stichworten beschrieben: Fromage blanc, Hüttenkäse, Petit suisse, Quark, Rahm, Ricotta und Sahne. Weichkäse ist auch unter dem Namen „Fromage frais" oder Frischkäse bekannt.

Hausfrauen im viktorianischen England des 19. Jahrhunderts machten ihren eigenen Cream Cheese. Jahrhundertelang hing saure Milch zum Abtropfen in der Küche; daraus wurde Käse. Heutzutage wird diese Aufgabe von elektrischen Küchenhilfen übernommen.

Allen Milchkulturprodukten gemeinsam ist — natürlich — die Milch als wichtiger Bestandteil jeder Diät. Die Verwendung dieser Produkte beim Kochen macht die Milch in der Nahrung sowohl interessanter als auch abwechslungsreicher. Es gibt, so hoffe ich, für jeden etwas: Fettarme Gerichte für diejenigen, die auf ihr Gewicht achten, den internationalen Geschmack von Gerichten aus allen Teilen der Erde, den reichen Geschmack der sauren Sahne und auch den einfachen Geschmack der Buttermilch. Und wenn Sie mit der Kultur im anderen Sinne vorliebnehmen wollen: Es hindert Sie niemand daran, sich beim Umrühren im Kochtopf ein Klarinettenkonzert von Mozart oder einen Band von Proust zu Gemüte zu führen.

Curd Käse entsteht, wenn man saurer Milch die Molke entzieht. Er läßt sich auch herstellen, indem man Frischmilch ein Lab und eine Kultur beimischt. Siehe Käse-Sellerie-Pfannkuchen, Hühnersalat in Aspik und Käsekuchen. (Siehe aber auch Hüttenkäse.)

Hüttenkäse ist ein aus Magermilch bzw. entrahmter Milch und Lab hergestellter Curd Käse. Siehe Spinat-Pfannkuchen, Porree-Quiche und Ungarische Nudeln.

Ricotta ist ein fettarmer Frischkäse aus Italien und kommt häufig in Pasta- und Dessertrezepten vor. Siehe Gemüse-Käse-Creme und Griechischer Käsekuchen.

Fromage blanc ist Curd Käse auf französische Art. Er wird mit verschiedenen Fettgehalten hergestellt und läßt sich anstelle von Curd Käse oder entwässertem Joghurt verwenden. Siehe Schimmelkäsepâté.

Cream Käse ist im Grunde nichts anderes als Curd Käse oder Hüttenkäse, vom höherem Fettgehalt einmal abgesehen. Siehe Dattel-Käse-Creme und Orangen-Creme.

Smatana ist eine fettarme osteuropäische Variante der sauren Sahne und läßt sich statt ihrer benutzen.

Joghurt ist das bekannteste Milchbakterienkulturprodukt. Siehe Kalte Apfelschale, Lamm-Korma und Möhrenkuchen.

Entwässerter Joghurt läßt sich leicht zu Hause herstellen, indem man wie auf der nächsten Seite angegeben vorgeht. Siehe Finnischer Hering.

Buttermilch wird heute meist aus entrahmter Milch unter Zuhilfenahme von Milchbakterienkulturen gewonnen. Siehe Buttermilch-Pfannkuchen und Orange-Chifton.

Saure Sahne ist einfache (d.h. keine Doppelrahm-) Sahne, die mit einer Kultur angesäuert wurde. Sie wird traditionell in der osteuropäischen Küche viel benutzt. Siehe Karotten-Koriander-Suppe, Paprika-Champignons und Räucherfisch-Salat.

Quark ist ein deutscher Weichkäse, der mit Fromage blanc eine große Ähnlichkeit hat und sich zu Hause machen läßt, indem man Joghurt entwässert. Siehe Vanille-Soufflé.

ANWENDUNGSHINWEISE

Mengenangaben in Löffeln sind gestrichen, nicht gehäuft.

•

Eier mittelgroß, wenn nicht anders angegeben.

•

Alle Rezepte sind für 4 Personen berechnet, wenn nicht anders angegeben.

•

Beim Backen oder Kochen mit Milcherzeugnissen läßt sich stets das beste Ergebnis erzielen, wenn sie glattgerührt werden, bevor sie den anderen Zutaten zugefügt werden.

ENTWÄSSERN

Entwässerter Joghurt kann anstelle von Weichkäsesorten wie Quark, Fromage blanc, Hüttenkäse oder Ricotta verwendet werden. Es ist natürlich kein richtiger Käse, da ihm nur Kulturen, aber kein Lab zugefügt werden. Er erweitert jedoch die Küche um einige kulinarische Genüsse.

Um dem Joghurt die Molke zu entziehen, gibt es verschiedene Wege:

1. Spülen Sie ein sauberes Geschirrtuch oder ein Stück Nesseltuch in kaltem Wasser aus und legen Sie den feuchten Stoff in ein Küchensieb. Das Sieb hängen Sie über einen Topf. Geben Sie den Joghurt in das Sieb. Binden Sie die Stoffenden mit einem Band zusammen und hängen Sie diesen Stoffbeutel an einen Haken oder einen Wasserhahn. Für die abfließende Molke stellen Sie einen Topf darunter.

2. Sie können den Joghurt auch entwässern, ohne ihn aufzuhängen. Lassen Sie den Joghurt im Sieb liegen. Da Sie den Stoff nicht zusammenbinden und den Beutel nicht aufhängen, verringert sich der Druck auf den Joghurt und das Entwässern dauert länger.

In welcher Zeit man das gewünschte Resultat erzielt, hängt größtenteils davon ab, wie wässrig der Joghurt ist. Da hausgemachter Joghurt in der Regel dünner ist und mehr Flüssigkeit enthält als Fabrikware, geht das Entwässern schneller vonstatten. Nach 4 Stunden wird aus 600 ml hausgemachtem Joghurt ziemlich viel Molke und etwa 225 g feuchter Weichkäse gewonnen. Fabrikware ergibt dann vielleicht nur einige Löffel Molke und ein Sieb voll dicken Joghurts, der weit davon entfernt ist, Käse zu sein.

Wenn ich von entwässertem Joghurt spreche, meine ich den hausgemachten, der grundsätzlich nicht besonders fest ist. Um das gleiche Resultat bei gekauftem Joghurt zu erzielen, empfehle ich Ihnen, so lange zu probieren, bis es Ihnen gelingt, einen weichen Käse herzustellen. Das kann jedoch bedeuten, daß Sie den Joghurt bis zu 12 Stunden entwässern müssen.

Ist der Entwässerungsvorgang beendet, entfernen Sie das Band, welches die Stoffenden zusammengehalten hat. Geben Sie den Käse vorsichtig in eine Schüssel — auch die Reste aus dem Stoff.

Merken Sie sich: Es ist wichtig, daß Sie ein ganz sauberes Stück Stoff verwenden und es gut ausdrücken, nachdem Sie es unter kaltem Wasser ausgespült haben. Je länger Sie den Joghurt abtropfen lassen, desto trockener wird der Käse. Wie Sie den Käse dann weiterverwenden, können Sie auf Seite 32 nachlesen. Für diejenigen unter Ihnen, die auf fettarme Kost Wert legen, empfiehlt sich die Käseherstellung aus Magermilchjoghurt. Er ist ebenso cremig und kann anstelle von Butter als Brotaufstrich verwendet werden.

Die Molke ergibt, gemischt mit Obstsäften, ein erfrischendes Getränk (siehe Glossar Seite 172).

SELBSTGEMACHTER JOGHURT

Für selbstgemachten Joghurt benötigen Sie:

1. Eine Kultur, auch Starter genannt. Es gibt sie gefriergetrocknet oder als lebende Joghurtkultur. Am einfachsten: Sie nehmen einen Löffel fertigen Joghurt (natur).

2. Milch. Sie muß frei von unerwünschten Bakterien sein, damit das Wachstum der Kultur nicht gehemmt wird. Frische Milch muß erst gekocht werden. Ebenso können Sie H-Milch, entrahmte Milch (oder Magermilchpulver mit kochendem Wasser aufbereitet) oder mit gekochtem Wasser verdünnte Dosenmilch verwenden. Nehmen Sie auf keinen Fall die sirupartige Kondensmilch aus Tube oder Dose.

Um dicken Joghurt herzustellen, können Sie Milch verwenden, die Sie aufgekocht haben, um daraus eine Art „Dosenmilch" zu machen. Kochen Sie die Milch auf die halbe Menge herunter und fahren Sie dann wie unten angegeben fort. Sie können ebenfalls beim Einrühren des „Starter"-Joghurts je 2 EL Milchpulver auf 600 ml Milch geben.

Dann stehen drei Verfahren zur Wahl:

DIE MASCHINEN-METHODE: Wenn Sie eine elektrische Joghurtmaschine besitzen, halten Sie sich an die Gebrauchsanweisung, und Sie werden das gewünschte Resultat erzielen. Da diese Geräte ein Heizelement haben, muß sterilisierte Milch nicht vorher abgekocht werden. Frische Milch hingegen muß immer aufgekocht und abgekühlt werden (siehe unten).

DIE SCHÜSSEL-METHODE: Frische Milch wird aufgekocht und auf ca. 45°C abgekühlt. Vergessen Sie ein Thermometer, machen Sie den „Fingertest": Finger in die Milch tauchen, sie muß angenehm warm sein.

Geben Sie je 600 ml Milch 1 gehäuften EL Joghurt dazu und verrühren Sie es gut mit einem Schneebesen. Geben Sie die Mischung in eine Schüssel, vorzugsweise in eine mit Deckel. Umwickeln Sie die Schüssel mit einem Tuch und stellen Sie sie für ca. 12 Stunden an einen warmen Platz. Nicht umrühren! Stellen Sie den fertigen Joghurt vor dem Gebrauch einige Stunden in den Kühlschrank.

DIE THERMOSFLASCHEN-METHODE: Folgen Sie der Schüssel-Methode, aber anstelle des Abfüllens in eine Schüssel geben Sie die Mischung in eine mit heißem Wasser vorgewärmte Thermosflasche. Verschließen Sie die Flasche gut und stellen Sie sie ebenfalls für 12 Stunden beiseite. Den Joghurt in einen Behälter umfüllen und vor dem Gebrauch einige Stunden kühlstellen.

Merken Sie sich: Falls Sie bei den beiden letztgenannten Methoden sterilisierte Milch verwenden, muß sie vor dem Vermischen mit der Joghurtkultur auf Körpertemperatur gebracht werden.

Alle Geräte, die Sie zur Joghurtherstellung verwenden, müssen vollkommen sauber sein.

Wünschen Sie eine bestimmte Geschmacksrichtung, dürfen Sie die Zutaten erst nach dem Abkühlen hinzufügen.

Behalten Sie ausreichend Joghurt zurück, um für das nächste Mal schon eine Kultur vorrätig zu haben. Der Starter wird immer saurer und nach dem 4. Mal werden Sie vielleicht lieber eine frische Kultur verwenden wollen.

Probieren Sie verschiedene Milchsorten, um diejenige herauszufinden, die Ihnen am besten gefällt. Sie können z. B. Dosenmilch und Frischmilch oder Frischmilch und Milchpulver mischen, aber vergessen Sie nicht, die Frischmilch zu sterilisieren. Experimentieren Sie mit verschiedenen Kulturen. Eine Freundin von mir entdeckte einen französischen Joghurt, der ihr zusagte. Sie kauft einen Becher, nimmt davon 1 EL als Starter und friert den Rest ein. Sie sollten probieren, wie lange Sie den Joghurt reifen lassen wollen. Je länger die Kulturen auf den Joghurt einwirken, desto höher ist sein Milchsäuregehalt.

Vor allem: Seien Sie nicht überrascht, wenn das Ergebnis jedes Mal anders ausfällt. Es macht Spaß, vorher nicht zu wissen, wie der Joghurt schmecken wird.

Karotten-Koriander-Suppe

SUPPEN

Nicht nur in Restaurants wird einer Suppe ein Löffel Joghurt oder saure Sahne beigefügt, um den Geschmack zu verfeinern. Diese Beigabe erhöht den Genuß des Gerichtes und steigert nicht nur den Geschmack der Speise, sondern verbessert auch ihr Aussehen. In der Sowjetunion werden fast alle Suppengerichte auf diese Art verfeinert, und auch in anderen Ländern gibt es nur wenige Suppen, die man nicht auch so verfeinern könnte.

Tips für Sie

Verwenden Sie möglichst einen Schnellkochtopf. Er spart Kochzeit und auch Energie.

Eine Dose Tomatensuppe — gut gekühlt — läßt sich wunderbar mit einem Klecks saurer Sahne und gehacktem Schnittlauch servieren.

Ebenso eine Rinderkraftbrühe aus der Dose, vermischt mit Frischkäse oder saurer Sahne und mit 1 EL Kaviar oder anderem Rogen serviert.

Hühnerkraftbrühe aus der Dose, mit Safran oder — für Sparsame — mit Gelbwurz (Kurkuma) gefärbt, läßt sich auch bestens mit Kaviar und saurer Sahne servieren.

Übriggebliebene Saucen vom Braten oder vom Gulasch mit Brühe verlängern. Als Suppe mit Joghurt oder saurer Sahne vermischt servieren.

Karotten-Koriander-Suppe

Öl oder Butter
1 mittelgroße Zwiebel, in Scheiben geschnitten
700 g Möhren, in Scheiben geschnitten
1 TL geriebener Koriander
900 ml Gemüsebrühe
150 ml saure Sahne
Salz und Pfeffer
Petersilie zum Garnieren

Das Fett erhitzen, die Zwiebel hinzugeben und glasig dünsten. Die Möhren und den Koriander zugeben und gut verrühren. Die Möhren ca. 3 Minuten leicht kochen. Die Gemüsebrühe zugießen, aufkochen lassen. Zum Binden der Suppe die saure Sahne unterrühren und nach Geschmack würzen. Mit Petersilie garnieren und kalt servieren.

Sie können auch Hühnerbrühe verwenden. Kräuterbouillonwürfel eignen sich ebenfalls gut für diese Suppe.

Kalte Apfelsuppe

450 g (3 mittelgroße) Äpfel, geschält und entkernt
150 ml Wasser
75 g Zucker
Saft einer halben Zitrone
1 EL geriebener Zimt
2 Gewürznelken
1 Prise Salz
1 EL Weißwein
450 ml Joghurt
knapp 150 ml saure Sahne, falls gewünscht

Die Äpfel in Würfel schneiden und mit Wasser, Zitronensaft, Zucker, Zimt, Nelken und Salz kochen, bis sie weich sind. Die Nelken herausnehmen. Die Äpfel zermusen und abkühlen. Den Wein und den Joghurt zufügen und verrühren. Gut gekühlt nach Wunsch mit saurer Sahne servieren.

Ein in dünne Scheiben geschnittener roter Apfel kann als Garnierung verwendet werden.

Kalte Fruchtsuppe ist in ganz Mitteleuropa sehr beliebt. Diese ungarische Version kann auch mit Pflaumen, Birnen, Pfirsichen oder Kirschen zubereitet werden.

Avocadosuppe

2 goße reife Avocados
600 ml Joghurt
1 Knoblauchzehe, zerstoßen
Saft einer Zitrone
Salz und Pfeffer

Die Avocados halbieren, entsteinen und schälen. Alle Zutaten miteinander vermixen. Gut gekühlt und falls erwünscht mit Schnittlauch garniert servieren.

Wie dick die Suppe ist, hängt eher von der Größe der Avocados als von der Festigkeit des Joghurts ab. Die Suppe kann durch Hinzufügen von etwas Milch oder Sahne verdünnt werden.

KALTE APFELSUPPE

ROTE-BETE-BORSCHTSCH

Rote-Bete-Borschtsch

450 g rote Bete, gekocht und geschält
900 ml Hühnerbrühe
Saft einer Zitrone
300 ml saure Sahne
Dill
Salz und Pfeffer

Rote Bete, Zitronensaft, die Hälfte der sauren Sahne, Dill, Salz und Pfeffer miteinander vermengen. Wie stark Sie die Masse vermusen, bleibt Ihnen überlassen. Ich ziehe es vor, die rote Bete nicht vollständig zu zerkleinern. Den Borschtsch kühlen, möglichst über Nacht. Zusammen mit der restlichen sauren Sahne gut gekühlt servieren.

Sie können den Borschtsch zwar warm essen, sein Geschmack ist aber intensiver, wenn Sie ihn kalt servieren. Um das Gericht als kalte Speise schnell zuzubereiten, können Sie bei der Verwendung von Brühwürfeln einen Teil des Wassers durch Eiswürfel ersetzen. Um den Borschtsch zu garnieren, können Sie ihn mit feingehackten Gurken und grünen Zwiebeln bestreuen. Heißer Borschtsch wird auch oft mit Salzkartoffeln serviert.

Der polnischen Version, Chlodnik genannt, werden gehackte hartgekochte Eier, gehackter Schnittlauch und einige ausgepulte Krabben beigefügt.

Hühnersuppe mit Zitrone

900 ml Hühnerbrühe
5 TL Gelatinepulver
200 ml Zitronensaft
1 TL Zucker
150 ml saure Sahne

Die Brühe zum Kochen bringen, vom Herd nehmen, die Gelatine darüberstreuen und verrühren, bis sie sich auflöst. Den Zitronensaft hinzugeben und verrühren. Abkühlen lassen. Wenn es anfängt, fest zu werden, mit der sauren Sahne verschlagen. In Portionsschälchen oder Gläser füllen. Die gelierte Suppe kann sich in zwei Lagen aufteilen; das kommt vor, macht aber nichts.

Gurkensuppe

1 große Salatgurke, geschält
600 ml Joghurt
Dill oder Minze
Salz und Pfeffer
gehackte Walnüsse, falls gewünscht

Ein daumenlanges Stück Gurke abschneiden und beiseite legen. Den anderen Teil der Gurke in dicke Stücke schneiden. Mit dem Joghurt, den Kräutern, Salz und Pfeffer im Mixer pürieren. Die Suppe kaltstellen, die beiseitegelegte Gurke kleingehackt dazugeben und sehr kalt servieren. Die Suppe kann mit gehackten Walnüssen garniert werden.

Die einfache Gurkensuppe ist eine bekannte Version des weit verbreiteten Gurkensalats (siehe Seite 40) und kann je nach Geschmack verändert werden. Eine griechische Version, Okrotschka genannt, wird ähnlich wie diese zubereitet, allerdings nimmt man 300 ml Joghurt und 300 ml Milch. Dahinein gehören dann noch eine kleingehackte Gewürzgurke, 100 g gekochtes Huhn kleingeschnitten, einige frische Kräuter und 2 kleingehackte hartgekochte Eier. Im folgenden Rezept wird die persische Variante beschrieben.

Persische Gurkensuppe

1 große Salatgurke, feingeraspelt
600 ml Joghurt
2 EL Estragonessig
Dill
2 EL Rosinen, für einige Stunden in 2 EL Brandy eingelegt
2 hartgekochte Eier, feingehackt
1 große Knoblauchzehe, fein zerstoßen
1 TL Zucker
150 ml Sahne
Salz und Pfeffer

Alle Zutaten miteinander vermengen und gut umrühren. Mindestens 3 Stunden kühlen und sehr kalt servieren.

Ein befreundeter Hotelier im nordenglischen Lake District, John Tovey, experimentiert gern mit dieser klassischen Persischen Gurkensuppe, indem er Zutaten variiert. Er schlägt vor, Minze oder Estragon anstelle des Dills zu nehmen und es auch einmal mit gehackten Äpfeln, Sellerie, Fenchel und Radieschen zu versuchen.

PERSISCHE GURKENSUPPE

KALTE TOMATENSUPPE

ROTE-BETE-KOHL-BORSCHTSCH

Kalte Tomatensuppe

600 ml Tomatensaft
600 ml Joghurt
3 grüne Zwiebeln (Frühlingszwiebeln), kleingehackt
1 grüne Paprikaschote, gehackt
1 große Tomate, enthäutet und kleingehackt
Salz und Pfeffer

Tomatensaft und Joghurt pürieren und die Mischung in eine große Schüssel geben. Zwiebeln, Paprikaschote und Tomate dazugeben und nach Geschmack würzen. Mit einigen Eiswürfeln gut gekühlt servieren.

Sie können die Suppe nach Ihren eigenen Vorstellungen variieren. Probieren Sie in Scheiben geschnittene Avocados, Krabben oder Garnelen, frisches Basilikum, kleingehackte Oliven, kleingeschnittene Gurke, rohe, in Scheiben geschnittene Champignons, gehackter Fenchel und Croutons (geröstete Brotkrumen).

Rote-Bete-Kohl-Borschtsch

Butter oder Margarine
2 Streifen Speck, kleingeschnitten
450 g rote Beete, gekocht, geschält und gewürfelt
2 EL Mehl
2 EL Essig
700 g Kohl, geraspelt
1 Lorbeerblatt
1 Knoblauchzehe, zerdrückt
1 TL Zucker
2 l Rinderbrühe
Salz und Pfeffer
150 ml saure Sahne
450 g kleingehackte Würstchen nach Wunsch

Die Butter erhitzen und den Speck darin braten. Die rote Bete dazugeben und 1 Minute darin wenden. Vom Ofen nehmen und das Mehl unterrühren. Auf den Ofen zurückstellen und den Essig zugießen. Gut vermengen. Den Kohl, das Lorbeerblatt, Knoblauch, Zucker, die Brühe, Salz und Pfeffer hinzufügen. Zum Kochen bringen und bedeckt 1 Stunde ziehen lassen. Falls erforderlich, etwas Brühe hinzugeben. Verwenden Sie Würstchen, diese erst 5 Minuten vor dem Servieren dazugeben. In jeden Teller einen großen Löffel saure Sahne geben und servieren.

Die vielleicht ungewöhnlich anmutende Mischung von roter Bete und Kohl ergibt trotzdem eine reichhaltige und herzhafte Suppe. Die Beigabe der Würstchen macht daraus eine vollwertige Mahlzeit. Obwohl die saure Sahne nicht mitgekocht wird, ist sie ein wesentlicher Bestandteil dieses Rezeptes.

Grüne Suppe

Öl
1 mittelgroße Zwiebel, in Scheiben geschnitten
225 g Zucchini, in Scheiben geschnitten
225 g Spinat, gewaschen und zerrupft
eine Handvoll Sauerampfer, gewaschen und zerrupft
1/2 Bund Kresse
900 ml Hühnerbrühe
150 ml saure Sahne
1 Eiweiß
Salz und Pfeffer

Das Öl erhitzen und die Zwiebel glasig dünsten. Das Gemüse und die Brühe zufügen. Verrühren. Zum Kochen bringen, bedecken und 20 Minuten ziehen lassen. Das Eiweiß mit der sauren Sahne vermischen. Das Gemüse zu einem Brei verrühren, die Ei-Sahne-Mischung langsam dazugeben. Nach Geschmack würzen und heiß oder kalt servieren.

Dies ist eine gute Möglichkeit, Gemüsereste zu verwerten. Sie können jedes grüne Gemüse verwenden, das Sie vorrätig haben. Auch über die Menge können Sie nach Belieben entscheiden. Dieses Rezept bietet Ihnen nur eine Richtschnur für eigene Ideen.

Kürbissuppe mit Curry

Öl
1 große Zwiebel, kleingehackt
2 EL Currypulver
1 kleiner Kürbis (ca 700 g), geschält und kleingehackt
1 l Hühnerbrühe
150 ml saure Sahne
2 EL Mangochutney

Das Öl erhitzen und die Zwiebel glasig dünsten. Das Currypulver unterrühren und 1 Minute kochen lassen. Den Kürbis zugeben und gut verrühren. Die Brühe dazugießen. Zum Kochen bringen und ziehen lassen, bis der Kürbis weich ist. Die Zutaten im Mixer pürieren und in den Topf zurückgeben. Warmstellen. Die saure Sahne mit dem Mangochutney vermischen, in die Suppe rühren und sofort servieren.

Wollen Sie dieses Gericht zum Aufwärmen vorbereiten, fügen Sie den Joghurt erst beim Aufwärmen hinzu. Sie können Kokosraspeln und — falls gewünscht — zusätzliches Chutney dazugeben.

Kürbissuppe mit Curry

Spinatsuppe

Champignonsuppe

Butter oder Öl
1 große Zwiebel, in Scheiben geschnitten
350 g Champignons, in Scheiben geschnitten
geriebene Muskatnuß
1 EL Mehl
450 ml Hühnerbrühe
300 ml Joghurt
2 EL Sherry nach Wunsch

Die Butter erhitzen und die Zwiebel glasig dünsten. Die Champignons dazugeben, umrühren und 2 Minuten kochen lassen. Falls erforderlich, Butter dazugeben. Das Mehl und die geriebene Muskatnuß zugeben und gut umrühren. Langsam die Brühe dazugießen, verrühren, bis die Suppe breiig ist. Zum Kochen bringen und 5 Minuten ziehen lassen. Den Joghurt unterrühren, noch einmal aufwärmen und den Sherry zufügen. Heiß servieren.

Spinatsuppe

Öl
1 große Zwiebel, in Scheiben geschnitten
700 g Spinat, gewaschen und zerrupft
1 Knoblauchzehe, zerstoßen
1 l Hühnerbrühe
300 ml Joghurt
Salz und Pfeffer

Öl erhitzen, die Zwiebel glasig dünsten. Spinat und Knoblauch zugeben und umrühren. Die Brühe dazugießen, zum Kochen bringen und 15 Minuten ziehen lassen. Wenn die Suppe breiig wird, den Joghurt unterrühren. Würzen und heiß oder kalt servieren.

Sie können auch 450 g tiefgefrorenen Spinat verwenden.

KARTOFFEL-KRESSE-SUPPE

Butter oder Margarine
1 mittelgroße Zwiebel, kleingehackt
450 g Kartoffeln, geschält und in Scheiben geschnitten
2 Bund Kresse
600 ml Hühnerbrühe
400 ml Joghurt
1 Ei
Salz und Pfeffer

Die Butter erhitzen, die Zwiebel glasig dünsten. Kartoffeln und Kresse dazugeben. 3 Minuten bei schwacher Hitze verrühren. Die Brühe zugießen und 20 Minuten ziehen lassen. Den Joghurt mit dem Ei verrühren. Die Suppe pürieren, wenn die Kartoffeln weich sind. Die Joghurt-Ei-Mischung langsam unterrühren. Heiß oder kalt servieren.

BROKKOLI-ORANGEN-SUPPE

1 mittelgroße Zwiebel, kleingehackt
1 EL Öl
450 g Brokkoli, kleingeschnitten
Saft von 2 Orangen
600 ml Hühnerbrühe
300 ml Joghurt
1 EL Kartoffelmehl (Maizena, Mondamin)
2 EL Wasser
Salz und Pfeffer

Einige Stücke Brokkoli und geriebene Orangenrinde zum Garnieren beiseitelegen. Das Öl erhitzen und die Zwiebel glasig dünsten. Den Brokkoli zugeben und umrühren. Bedecken, einige Minuten kochen lassen, die Brühe und den Orangensaft zugießen. Zum Kochen bringen, bedecken und 20 Minuten ziehen lassen, bis der Brokkoli weich ist. Die Zutaten im Mixer pürieren. Mondamin und Wasser zu einem Brei verarbeiten, in die Suppe verrühren und mit Salz und Pfeffer würzen. Die Suppe erneut erhitzen und 5 Minuten kochen lassen. Mit dem beiseitegelegten Brokkoli und der Orangenschale garnieren und servieren.

Ist frischer Brokkoli nicht erhältlich, kann tiefgefrorener verwendet werden. Die Suppe ist auch kalt schmackhaft.

Kümmelkohl

SNACKS, VORSPEISEN UND GEMÜSE

In diesem Kapitel finden Sie kleine, leichte Gerichte, die jedoch auch als Mittags- oder Abendmahlzeit zubereitet werden können. Viele dieser Rezepte eignen sich für ein kaltes Buffet, welches interessanter wird, je unterschiedlicher die angebotenen Speisen sind.

Steht nicht viel Zeit zur Verfügung, ist es praktisch, z.B. zu Kurzgebratenem einige Gemüsegerichte anbieten zu können.

Tips für Sie

FRISCHKÄSE: wird mit Schnittlauch, Dill oder Estragon (auch mit anderen frischen Kräutern) vermischt; als Füllung für Sellerie, Tomaten, Gurken oder grüne Paprikaschoten verwendet; als Füllung für ausgehöhlte Melonenhälften benutzt, mit einem French Dressing und gehackter Minze angerichtet.

HÜTTENKÄSE: als Salat für Kalorienbewußte, mit frischer kleingeschnittener Ananas, Birnen, Äpfeln, Grapefruits oder Orangen (mit knackigem Kopfsalat serviert), Bambussprossen, Chinakohl und rohen Champignons (mit Nüssen und Rosinen garniert). Dazu können Sie auch noch ein Joghurt-Dressing reichen.

Es gibt zahllose Variationen für die Verwendung von Frischkäse, Hüttenkäse oder einer Mischung von beiden:

ANCHOVIS: mit gehackten Anchovis und Zitronensaft;
OBST UND NÜSSE: mit feingehackten Äpfeln, Sellerie und Nüssen;
KNOBLAUCH: mit zerstoßenem Knoblauch und gehackten Kräutern;
UNGARISCH: mit Tomatenketchup, feingehackten grünen Zwiebeln, einer Prise Paprika und Cayennepfeffer;
KRÄUTER UND NÜSSE: mit zerstoßenem Knoblauch, gehackten Kräutern und gehackten Nüssen mit ganzen Mandeln garniert;
ANANAS: mit kleingeschnittener Ananas;
HASELNÜSSE: mit geraspelten Haselnüssen und Cognac;
PAPRIKA: mit gemahlenem Paprika;
ZIMT: mit geriebenem Zimt;
KÜMMEL: mit gemahlenem Kümmel
(wenn man die 3 zuletzt genannten Beispiele übereinanderschichtet, ergeben sie einen dreifarbigen „Käseberg").

Vermischen Sie je 225 g Frischkäse, 1 Eiweiß, 1 EL Olivenöl, Zitronensaft, Salz und Pfeffer.

Rollen Sie kleine Käsebällchen in verschiedenen Mischungen: in feingehackten Kräutern, in kleingehackten Nüssen, in verschiedenen Gewürzen wie Zimt, Kümmel,Paprika, gerösteten Sesamkörnern und feingemahlenem Pfeffer.

Verwenden Sie den hausgemachten Käse (siehe Joghurt entwässern, Seite 12) auf die gleiche Weise wie Quark und Käse. Im Nahen Osten werden kleine Bällchen aus entwässertem Joghurtkäse, Laban genannt, in Öl gerollt und zum Frühstück serviert.

Die Käsebällchen können auf Kopfsalat zusammen mit Tomaten und Gurken angerichtet werden. Cracker passen auch sehr gut dazu. Anstelle des entwässerten Joghurts können Sie auch 100 g Quark oder Hüttenkäse verarbeiten.

Pfannkuchen

600 ml Milch
225 g Mehl
1 Prise Salz
2 Eier
Butter oder Öl zum Braten

Die Milch und das Mehl vollständig verrühren. Das Salz und die Eier dazugeben und verschlagen. Das Fett in einer schweren Pfanne (am geeignetsten ist eine nur für Pfannkuchen genutzte Pfanne) erhitzen. Überschüssiges Fett entfernen. Den Pfannenboden mit Teig dünn bedecken. Soll der Pfannkuchen gefüllt werden, nur auf einer Seite bräunen.

Käse-Sellerie-Pfannkuchen

Pfannkuchenteig (Rezept siehe oben)
350 g Hüttenkäse
1 Ei
½ TL Paprikapulver
Salz und Pfeffer
1 400-g-Dose Sellerie, abgetropft
zerlassene Butter

Den Pfannkuchenteig wie oben angegeben zubereiten. Den Hüttenkäse, das Ei, Paprikapulver, Salz und Pfeffer gut vermischen. Auf die gebräunte Seite jedes Pfannkuchens einen Löffel der Käsemischung geben und verstreichen. Den Sellerie auf den Pfannkuchen verteilen. Die Pfannkuchen zu einer Wurst oder einem Paket zusammenrollen und die Enden umschlagen. Die gefüllten Pfannkuchen in eine gebutterte feuerfeste Form legen und mit der zerlassenen Butter bestreichen. Im Ofen bei 180°C/Gas-Stufe 4 25 Minuten backen.

Falls erwünscht, mit 1 Löffel Joghurt oder saurer Sahne obenauf servieren. Anstelle von Sellerie können Sie auch Dosenspargel verwenden.

CHAMPIGNON-PFANNKUCHEN

Räucherlachs-Pfannkuchen

Champignon-Pfannkuchen

Pfannkuchenteig nach Rezept (siehe Seite 33)
Butter
1 große Zwiebel, feingehackt
450 g Champignons, kleingeschnitten
2 EL rote Pepperoni aus der Dose, feingehackt
150 ml saure Sahne
Salz und Pfeffer
zerlassene Butter

Den Pfannkuchenteig zubereiten. Die Butter zerlassen und die Zwiebel glasig dünsten. Die Champignons dazugeben und weich kochen. Überschüssige Flüssigkeit abgießen. Die Pepperoni, die saure Sahne, Salz und Pfeffer untermischen. Auf die gebräunten Seiten der Pfannkuchen je einen Löffel Pilzmischung geben und verstreichen. Die Pfannkuchen einrollen und die Ecken umschlagen. Die gefüllten Pfannkuchen in eine gebutterte feuerfeste Form legen, mit zerlassener Butter bestreichen und 25 Minuten bei 180°C/Gas-Stufe 4 im Ofen backen.

Nach Wunsch mit saurer Sahne servieren.

Räucherlachs-Pfannkuchen

Pfannkuchenteig nach Rezept (siehe Seite 33)
175 g Räucherlachs, kleingeschnitten
225 g Frischkäse
1 Ei
Pfeffer
Butter

Den Pfannkuchenteig zubereiten. Den Räucherlachs mit dem Frischkäse, dem Ei und dem Pfeffer mischen. Einen Löffel der Mischung auf jede gebräunte Seite der Pfannkuchen geben und verstreichen. Die Pfannkuchen zusammenrollen und die Ecken umschlagen. In Butter erwärmen.

Diese Gerichte sind zwar gehaltvoller aber auch noch schmackhafter, wenn Sie anstelle von Frischkäse mit saurer Sahne zubereitet werden. Das das Rezept vielleicht etwas extravagant ist, hier ein Tip: Räucherlachsbruch ist preiswerter als Räucherlachs in Scheiben.

Spinat-Pfannkuchen

Pfannkuchenteig nach Rezept (siehe Seite 33)
450 g Spinat, gewaschen und zerpflückt
225 g Hüttenkäse
1 Ei
geriebene Muskatnuß
Salz und Pfeffer
zerlassene Butter

Den Pfannkuchenteig zubereiten. Den Spinat ohne zusätzliches Wasser kochen. Gut abtropfen lassen (am besten zwischen 2 Tellern). Den Spinat mit dem Hüttenkäse, dem Ei, Muskatnuß, Salz und Pfeffer vermengen. Auf jede gebräunte Seite der Pfannkuchen einen Löffel dieser Mischung geben und verstreichen. Die Pfannkuchen zusammenrollen oder zusammenfalten und die Ecken umschlagen. Die gefüllten Pfannkuchen in eine gebutterte feuerfeste Form legen, mit der zerlassenen Butter bestreichen und 25 Minuten bei 180°C/Gas-Stufe 4 backen.

Wenn Sie mögen, können Sie jeden Pfannkuchen mit einem Löffel Joghurt oder saurer Sahne garnieren.

Avocado-Creme

1 große Avocado
75 g Frischkäse
½ kleine Zwiebel, feingehackt
ein Spritzer Tabasco
2 EL Zitronensaft
Salz und Pfeffer

Das Avocadofleisch zermusen. Mit den anderen Zutaten gut vermengen. Die Creme in eine Schüssel füllen und bedecken. Bis zum Verzehr kühlstellen. Avocado-Creme sollte nicht allzu lange vor dem Gebrauch zubereitet werden, da Avocados sich schnell verfärben.

Zu rohem Gemüse oder Kräckern zum Dippen oder Bestreichen servieren.

ISRAELISCHE AVOCADO-CREME

SELLERIE-MUS

1 EL Gelatine
2 EL kochendes Wasser
1 mittelgroßes Bund Stangensellerie mit Blättern
225 ml Joghurt
Zitronensaft
1 kleine Zwiebel
Petersilie
150 g Hüttenkäse
Salz und Pfeffer

Das Gelatinepulver im kochenden Wasser auflösen. Alle übrigen Zutaten außer dem Hüttenkäse im Mixer oder der Küchenmaschine mixen. Die aufgelöste Gelatine und den Hüttenkäse unter die Masse rühren. In eine feucht ausgespülte Form geben (eine kleine Ringform sieht nett aus) und in den Kühlschrank stellen, bis die Masse fest ist. Sie können es auch ohne Form zum Bestandteil eines kalten Buffets machen oder es als Beilage zu kaltem Fleisch, Geflügel oder Fisch reichen.

Für eine gehaltvollere Variante können Sie anstelle des Joghurts Mayonnaise verwenden.

Kümmelkohl

700 g weißkohl oder Spitzkohl, feingehackt
25 g Butter
1 EL Kümmelkörner
Salz und Pfeffer
2 EL Mehl
150 ml saure Sahne

Die Butter zerlassen und den Kohl dazugeben. Verrühren. Die Kümmelkörner, Salz und Pfeffer zugeben, bedecken und kochen, bis der Kohl gar aber noch fest ist. Das Mehl hinzufügen und gut verrühren. Weitere 2 Minuten unter ständigem Umrühren kochen lassen. Die saure Sahne zugeben und noch einmal erwärmen.

Gurkensalat

1 große Salatgurke
1 TL Salz
300 ml Joghurt
1 EL Öl nach Wunsch
1 TL Essig nach Wunsch
1 große Knoblauchzehe, zerstoßen
Dill oder gehackte Minze
Pfeffer

Vorbereitung der Gurke: nach Wunsch schälen, die Gurke raspeln, fein würfeln oder in dünne Scheiben schneiden. Salzen und 15 Minuten einziehen lassen. Das Salzwasser abgießen und die Gurkenstückchen gut abtropfen lassen. Die übrigen Zutaten hinzugeben, mit Pfeffer würzen und vermengen.

Mit welchen Kräutern Sie würzen, bleibt allein Ihrem Geschmack überlassen. Vielleicht mögen Sie Ihren Gurkensalat auch lieber ohne Öl und Essig.

Einer der faszinierenden Aspekte des Kochens ist, wie sich bestimmte Gerichte über die ganze Welt verbreiten. Gurkensalat ist so ein Gericht — es gibt ihn in Griechenland, in der Türkei und in den meisten Ländern des Nahen Ostens, in Indien und im Iran. Er hat viele verschiedene Namen: Cacik, Tsatsiki, Tallatouri und Raita. Eine Variation des Salates wird durch das Zufügen von mehr Joghurt erzielt, so wird dann eine Suppe daraus (siehe Seite 21).

Um Raita zu machen, fügen Sie der Gurke und dem Joghurt noch 1/2 TL Kümmelkörner (am besten frischgeröstete Körner), eine Prise Cayennpfeffer und gewöhnlichen Pfeffer hinzu.

Trockener Tarator ist die bulgarische Version: entwässern Sie den Joghurt ca. 2 Stunden und vermengen Sie ihn mit der feingehackten Gurke. Geben Sie 50 g gehackte Walnüsse, 1 EL Öl, Dill, Salz und Pfeffer nach Geschmack dazu.

Porree-quiche

Eine Pastetenform (20 cm) mit Mürbeteig auslegen
Butter
450 g Porree, geputzt und kleingehackt
1 große Zwiebel, kleingehackt
225 g Hüttenkäse
3 Eier
Salz und Pfeffer
1 Prise Gewürzmischung

Den Teig in der Form 10 Minuten bei 180°C/Gas-Stufe 4 backen. Die Butter erhitzen und den Porree und die Zwiebel 5 Minuten andünsten. Den Hüttenkäse mit den übrigen Zutaten vermengen. Die Pastetenform mit dem gekochten Porree und der Zwiebel belegen. Die Hüttenkäsemischung darüber geben. 35 Minuten bei 180°C/Gas-Stufe 4 backen.

Dieses Gericht kann sowohl heiß und kalt als auch lauwarm serviert werden.

Ungarischer Kürbis

1 mittelgroßer bis großer Kürbis
2 EL Butter
2 TL Kartoffelmehl (Mondamin)
1 EL Wasser
1 EL getrocknete Dillspitzen
Salz und Pfeffer
150 ml saure Sahne

Den Kürbis schälen und feinraspeln oder kleinhacken. Dann in der Butter kochen, ab und zu umrühren, bis er anfängt, weich zu werden. Das Kartoffelmehl mit dem Wasser zu einem Brei verarbeiten und zum Kürbis geben. Verrühren. Unter weiterem Rühren 3 Minuten kochen lassen. Mit Dill, Salz und Pfeffer würzen und die saure Sahne unterrühren. Noch einmal erwärmen und heiß zu Braten, Geflügel oder Fisch servieren.

Einem ungarischen Freund verdanke ich dieses Rezept, das aus einem potentiell langweiligen Gemüse ein wirklich leckeres Gericht macht.

Möhren mit Joghurt

450 g Möhren, in Scheiben geschnitten
1 TL Zucker
½ TL gemahlener Kümmel
1 kleine Zwiebel, feingehackt
Saft einer halben Zitrone
150 ml Joghurt
Salz und Pfeffer

Die Möhren mit dem Zucker in kochendem Wasser kochen, bis sie noch „Biß" haben. Wasser abgießen und den Kümmel und die Zwiebel zugeben, umrühren. Den Joghurt mit dem Zitronensaft verrühren, würzen und über die Möhren geben.

Sofort servieren oder abkühlen lassen und als Salat oder Beigabe zu einem Curry reichen.

Käse-Grapefruit-Gelee

1 große Grapefruit, geschält
135 g Zitronen-Götterspeise
75 g Frischkäse

Die Grapefruit in kleine Stücke schneiden. Die Götterspeise nach Anweisung mit 50 ml Wasser oder weniger, wenn so angegeben, zubereiten. Die Hälfte des Gelees in eine Schüssel füllen und abkühlen lassen, bevor es mit dem Frischkäse zu einer glatten Masse verrührt wird. Die Grapefruit dazugeben. Die Masse in eine ausgespülte Form geben und bis zum Festwerden kaltstellen. Mit dem verbliebenen Gelee übergießen (dieses ist noch flüssig, wenn es nicht kaltgestellt wurde, sonst muß es zum Übergießen langsam erhitzt werden). Nochmals kaltstellen. Vor dem Servieren aus der Form stürzen.

Als Beigabe zu kaltem Geflügel oder Fisch reichen. Sie können auch Götterspeise mit einem anderen Zitrusgeschmack verwenden.

Das Rezept wird hier unter Vorspeisen und Gemüsegerichten aufgeführt, es kann aber auch als Dessert serviert werden.

GEFÜLLTE PAPRIKA

2 große grüne Paprikaschoten (oder wahlweise 1 grüne und 1 rote)
250 g Ricotta
1 kleine Gewürzgurke, feingehackt
1 EL Petersilie, gehackt
1 EL Dill, gehackt (getrocknet die halbe Menge, eventuell überhaupt weniger)
Salz und Pfeffer
Kopfsalat zu Servieren

Stiele und Kerne der Paprikaschoten entfernen. Den Ricotta mit der Gurke, Petersilie, Dill, Salz und Pfeffer vermengen. Die Paprikaschoten mit der Masse füllen und einige Stunden im Kühlschrank kühlen. Die gefüllten Paprikaschoten mit einem scharfen Messer in 1 cm dicke Scheiben schneiden.

Die Scheiben auf dem Kopfsalat anrichten. Anstelle des Ricottas können Sie auch Hüttenkäse oder eine Mischung aus verschiedenen fettarmen Weichkäsesorten verwenden.

BAKED POTATOES

1 kg Kartoffeln, geschält
Salz
2 TL Paprikapulver
4 Eier, hartgekocht und in Scheiben geschnitten
150 ml saure Sahne
2 EL Milch
Butter

Die Kartoffeln kochen, bis sie gar, aber noch fest sind. Das Wasser abgießen und die Kartoffeln in Scheiben schneiden. Den Boden einer gefetteten feuerfesten Form damit auslegen. Mit Salz und Paprika würzen. Die Eischeiben auf die Kartoffelscheiben legen. Die saure Sahne mit der Milch verquirlen. Über die Eier gießen. Erneut würzen. Die verbliebenen Kartoffeln darüberlegen. Mit Butterflocken belegen und 25 Minuten bei 180°C/Gas-Stufe 4 backen, bis die Kartoffelscheiben goldbraun sind.

Um das Gericht anzureichern, können Sie Salamischeiben über die Eischeiben legen. Wollen Sie das Gericht auf ungarische Art zubereiten, dann verwenden Sie ungarische Salami.

SPINATCREME

700 g frischer Spinat, gewaschen und zerpflückt
1 Eigelb
geriebene Muskatnuß
Salz und Pfeffer
150 ml Joghurt

Den Spinat ohne zusätzliches Wasser mit etwas Salz kochen (das Wasser, das vom Waschen noch am Spinat haftet, reicht). Den gekochten Spinat abtropfen lassen und überschüssiges Wasser durch Pressen zwischen 2 Tellern entfernen. Den Joghurt mit dem Eigelb verrühren und die Masse mit dem Spinat vermengen. Nochmals langsam erwärmen.

Wenn Sie lieber tiefgefrorenen Spinat nehmen, dann verwenden Sie Spinatblätter und keinen gehackten Spinat.

SPINATROULADE

700 g frischer Spinat, gewaschen und zerpflückt
15 g Butter
4 Eier
geriebene Muskatnuß
Salz und Pfeffer
100 g Hüttenkäse oder Quark
150 ml saure Sahne
4 grüne Zwiebeln (Frühlingszwiebeln), feingehackt

Den Spinat ohne zusätzliches Wasser kochen. Zwischen 2 Tellern auspressen. Den Spinat kleinhacken (eventuell in Mixer, aber nicht zermusen!). Butter, Eigelb und geriebene Muskatnuß dazugeben und mit Salz und Pfeffer würzen. Gut vermengen. Die Eiweiß steifschlagen. Einen Löffel davon unter den Spinat heben, damit er locker wird. Die verbliebenen Eiweiß ebenfalls vorsichtig unter den Spinat heben. Die Masse in eine mit gefettetem Papier oder Folie ausgelegte Biskuitform (38x25 cm) füllen. 10 Minuten bei 200°C/Gas-Stufe 6 backen. Während der Spinat backt, den Hüttenkäse mit der sauren Sahne und den grünen Zwiebeln verrühren. Nach Geschmack würzen. Legen Sie ein sauberes Geschirrhandtuch auf ein Brett. Wenn der Spinat fertig ist, auf das Tuch stürzen. Folie vorsichtig abziehen. Hüttenkäse-saure-Sahne-Mischung darüberstreichen, ohne den Spinat zu beschädigen. Mit dem Tuch können Sie die Roulade leichter zusammenrollen und zum Servieren auf einen Teller legen. Gleich auftragen.

Spinatroulade wird meist warm gegessen, schmeckt aber auch kalt ausgezeichnet.

Spinatroulade

Ossum-salat

OSSUM-SALAT

225 g rote Kidneybohnen, über Nacht eingeweicht
3 EL French Dressing
1 kleine Zwiebel, feingehackt
3 Eier, hartgekocht und gehackt
1 kleiner Selleriekopf, gehackt
oder 1 kleiner Blumenkohl, gehackt
3 EL Pickles in Senfsoße nach Wunsch
5 gehackte Anchovis-Filets nach Wunsch
150 ml saure Sahne
Salz und Pfeffer

Die eingeweichten Bohnen in frischem Wasser zum Kochen bringen, 10 Minuten kochen lassen und 1 1/2 Stunden weitergaren, bis sie gar, aber noch fest sind. Abgießen und mit dem French Dressing und der Zwiebel übergießen, während die Bohnen noch warm sind. Die übrigen Zutaten nach dem Abkühlen zugeben und gut vermengen. Nochmals kaltstellen und servieren.

Diesen Salat haben wir bei amerikanischen Freunden kennengelernt. „Das ist aber auch ein ossum Salat," sagte der Sohn. Ich nahm an, der Salat hieße so und fragte nach dem Rezept. Es stellte sich heraus, daß der Junge „awesome", d. h. „ehrfurchtgebietend", bzw. „gewaltig" gemeint hatte. Für mich bleibt es beim „Ossum-Salat". Er ist vielseitig und erlaubt manche Variation. Wichtig dabei ist nur, sowohl Bohnen als auch etwas Festes mit „Biß" zum Ausgleich dabei zu haben. Statt saurer Sahne können Sie selbstverständlich auch Joghurt nehmen.

SPINAT-KÄSE-SOUFFLE

450 g Spinat, gewaschen und zerpflückt
50 g Butter oder Margarine
50 g Mehl
450 ml Milch
6 Eier
225 g Hüttenkäse
geriebene Muskatnuß
Salz und Pfeffer

Den Spinat ohne zusätzliches Wasser kochen. Gut abgießen, am besten zwischen 2 Tellern auspressen. Während der Spinat kocht, die Butter erhitzen, vom Herd nehmen und das Mehl einrühren. Die Milch langsam dazugeben und wieder auf den Herd stellen. Rühren, bis die Sauce angedickt ist. Den Topf vom Herd nehmen. Die Eier trennen und ein Eigelb nach dem anderen zugeben. Den gekochten und abgetropften Spinat, Hüttenkäse, Muskatnuß, Salz und Pfeffer zum Würzen dazugeben und gut vermengen. Die Eiweiß steif schlagen. Einen Löffel davon unter die Spinat-Käse-Masse heben, um sie leicht zu machen, danach den restlichen Eischnee unterheben. Die Soufflé-Masse in eine gefettete Souffléform von 21x9 cm geben und 30 Minuten bei 190°C/Gas-Stufe 5 backen. Testen Sie mit einem sauberen Messer, ob das Soufflé fertig ist. Ist das Soufflé noch sehr dünnflüssig, kann es für weitere 5 Minuten in den Herd zurück. Wenn Sie mögen, können Sie das Soufflé 10 Minuten vor Fertigstellung mit Parmesankäse bestreuen.

GEFÜLLTE TOMATEN

4 große Tomaten, geschält
100 g Frischkäse
Milch
2 EL Dorschrogen
Zitronensaft
1 EL geriebene Zwiebel
Pfeffer

Die Deckel der Tomaten abschneiden und das Fruchtfleisch entfernen (Deckel und Fruchtfleisch können für eine Suppe verwendet werden). Den Frischkäse mit etwas Milch glattrühren. Den Rogen zugeben und mit Zitronensaft würzen. Die geriebene Zwiebel untermengen. Mit Pfeffer würzen (Sie brauchen kein Salz, da der Rogen sehr salzig ist). Alle Zutaten gut vermengen und in die Tomaten füllen. Bis zum Verzehr kaltstellen.

Auf Kopfsalat anrichten und mit warmen Baguette servieren.

GEMÜSE-KÄSE-SAUCE

Öl
1 mittelgroße Zwiebel, gehackt
1 400-g-Dose Tomaten
frisches Basilikum, gehackt
3 Eier
100 g Frisch- oder Hüttenkäse
250 ml Joghurt
100 g Cheddarkäse, gerieben
Salz und Pfeffer

Das Öl erhitzen, die Zwiebel glasig dünsten. Die Dosentomaten abgießen (die Flüssigkeit für eine Sauce oder Suppe verwenden), mit dem Basilikum, Salz und Pfeffer zu der Zwiebel geben. 5 Minuten aufkochen lassen, die Tomaten dabei mit einer Gabel zerstampfen. Den Inhalt des Topfes in eine leicht gefettete feuerfeste Form geben. Die übrigen Zutaten außer dem geriebenen Käse im Mixer oder der Küchenmaschine pürieren. Die Masse über die Tomaten geben, mit dem geriebenen Käse bestreuen und 30 Minuten bei 180°C/Gas-Stufe 4 backen.

Sie können beliebiges Gemüse für dieses Gericht verwenden. Ersetzen Sie die Dosentomaten durch frische; nehmen Sie 4 große Zucchini, leicht angebraten, mit Zwiebel und frischem Thymian und Majoran; nehmen Sie 350 g Champignonköpfe, leicht angebraten, mit Zwiebel und etwas geriebener Muskatnuß; oder eine Ratatouille aus Zwiebeln, Zucchini, Auberginen und Tomaten mit Oregano oder sautiertem Porree mit geriebener Muskatnuß. Sie können jedes Gemüse oder eine Mischung verschiedener Gemüsesorten für dieses Gericht verwenden. Anstelle des Frischkäse können Sie auch Ricotta, Hüttenkäse oder entwässerten Joghurt nehmen.

Aus dieser Mischung können Sie auch eine Quiche herstellen. Backen Sie das vorbereitete Gemüse 10 Minuten in einer Pastetenform. Die Käsemasse streichen Sie auf das Gemüse und bestreuen das Ganze mit geriebenem Käse. Dann wie oben angegeben backen.

Gemüse-Käse-Creme

225 g Frischkäse
2 grüne Zwiebeln, gehackt
2 Möhren, gerieben
2 Radieschen, gehackt
2 Stangen Sellerie, gehackt
1 kleines Stück Fenchel
½ Paprikaschote, gehackt
1 EL Schnittlauch, gehackt
½ TL Paprika
Salz und Pfeffer

Alle Zutaten zusammengeben und gut vermengen. Die Creme kann als Hors d'oeuvre — in kleinen Schüsseln gereicht — oder als Brotaufstrich für Sandwiches (nehmen Sie Pumpernickel, Rosinenmalzbrot oder Roggenbrot) serviert werden.

Reis-Gemüse-Eintopf

Öl
350 g Zwiebeln, in Scheiben geschnitten
225 g Reis
1 große grüne oder rote Paprikaschote, gehackt
Salz und Pfeffer
1 TL Paprikapulver
1 400-g-Dose Tomaten
150 ml Wasser
600 ml Joghurt
4 Eier

Das Öl erhitzen, die Zwiebeln glasig dünsten. Den Reis und die Paprika zugeben und anbräunen. Mit Salz, Pfeffer und Paprika würzen. Reis und die Tomaten in eine feuerfeste Form geben. Mit 4 EL Öl und dem Wasser auffüllen. Bedecken und 30 Minuten bei 190°C/Gas-Stufe 5 im Herd (oder bei mittlerer Hitze auf dem Herd) garen. Den Joghurt mit den Eiern verrühren. Über das Gemüse geben und die Form ohne Deckel für weitere 20 Minuten in den Herd zurückstellen.

Dieses bulgarische Gericht läßt zahllose Variationen zu: Fügen Sie mehr Gemüse wie Auberginen oder Fenchel hinzu. Sie können auch Salami, Würstchen oder gekochtes Fleisch dazugeben, bevor Sie den Joghurt darüber geben.

ZUCCHINI MIT MANDELN

700 g Zucchini, der Länge nach in Scheiben geschnitten
1 mittelgroße Zwiebel, feingehackt
1 EL Olivenöl
Salz und Pfeffer
250 ml Joghurt
1 TL Kartoffelmehl (Mondamin)
1 EL Wasser
50 g Mandelsplitter

Die Zucchini in eine feuerfeste Form legen. Die Zwiebel, Öl, Salz und Pfeffer vermengen und über die Zucchini geben. Unbedeckt 40 Minuten bei 180°C/ Gas-Stufe 4 garen, bis sie weich sind. In der Zwischenzeit die Mandelsplitter rösten: Geben Sie sie in eine schwere Pfanne bei hoher Hitze, ab und zu wenden. Sie dürfen nicht anbrennen. Das Kartoffelmehl mit dem Wasser verrühren, zum Joghurt geben und würzen. Die Masse 3 Minuten unter ständigem Rühren erhitzen. Über die Zucchini löffeln und mit den gerösteten Mandelsplittern bestreuen.

ZUCCHINI-GRATIN

Öl
450 g Zucchini, in Scheiben geschnitten
1 große Zwiebel, gehackt
1 400-g-Dose Tomaten
Basilikum, Thymian oder Majoran, kleingehackt
ein Stück Zitronenschale
Salz und Pfeffer
225 g Makkaroni
2 Eier
150 ml Joghurt
75 g Cheddarkäse, gerieben

Das Öl erhitzen und die Zucchini darin anbräunen. Aus dem Topf nehmen und beiseite stellen. Die Zwiebel goldbraun dünsten, falls erforderlich unter Zugabe von mehr Öl. Die Tomaten, Kräuter, Zitronenschale, Salz und Pfeffer zugeben und 10 Minuten ziehen lassen, dabei die Tomaten mit einer Gabel zerstampfen und ab und zu umrühren. In der Zwischenzeit die Makkaroni kochen und abgießen. In eine feuerfeste Form geben. Die Sauce über die Nudeln gießen und vermengen. Die gekochten Zucchini obenauflegen. Die Eier, Joghurt und die Hälfte vom Käse vermengen und über die Zucchini geben. 30 Minuten bei 190°C/Gas-Stufe 5 backen.

Sie können auch Auberginen anstelle der Zucchini verwenden, nur müssen diese vorher in Scheiben geschnitten und gesalzen werden. Nach 20 Minuten abgießen, trocknen und wie oben angegeben zubereiten.

DATTEL-FRISCHKÄSE-CREME

50 g Frischkäse
2 EL Milch
225 g frische Datteln, feingehackt
1 EL Zitronenschale, feingerieben

Den Käse mit der Milch zu einer Creme verrühren. Die Datteln und die Zitronenschale zugeben und vermengen.

Frische Datteln unterscheiden sich stark von den getrockneten, die hauptsächlich zur Weihnachtszeit angeboten werden. Frische Datteln sind nicht so süß wie getrocknete und können zu interessanten Kombinationen verarbeitet werden. Diese Creme kann als Brotaufstrich (am besten auf Körnermischbrot) oder als Appetitanreger auf kleinen Kräckern serviert werden.

Frische Datteln lassen sich noch auf eine andere köstliche Weise verarbeiten. Füllen Sie in die entsteinten Datteln eine Masse aus Frischkäse, gehackten Rosinen, geriebenem Ingwer oder gehackten Nüssen.

KÄSESTRUDEL

350 g Blätterteig
175 g Cheddarkäse, gerieben
100 g Frischkäse
100 g Hüttenkäse
1 Ei
Petersilie oder Minze, gehackt
Salz und Pfeffer
Eiweiß als Guß

Den Teig so dünn wie möglich ausrollen. Alle Zutaten außer dem Eiweiß zu einer glatten Masse verrühren. Die Masse auf den Teig streichen. Zu einem flachen „Kuvert“ umschlagen, dabei die Ecken gut verschließen. Mit dem Eiweiß bestreichen. Auf ein abgespültes Backblech geben und 20 Minuten bei 200°C/Gas-Stufe 6 backen.

Heiß servieren — wahlweise mit saurer Sahne.

Gefüllte Tomaten

Gemüse-käse-creme

Reis-Gemüse-Eintopf

Zucchini mit Mandeln

ZUCCHINI-GRATIN

Dattel-Frischkäse-Creme

Käsestrudel

SCHIMMELKÄSEPÂTÉ

Sommer-Schüssel

pro Person
1 Becher Joghurt oder Smatana (oder eine Mischung aus Joghurt und saurer Sahne)
Gurkenscheiben
grüne Zwiebel, gehackt
Schnittlauch, gehackt
1 Radieschen
Salz und Pfeffer

Gemüse und Schnittlauch in die Schüssel zum Joghurt geben. Den Frischkäse hineinbröckeln. Würzen nach Geschmack. Gut gekühlt servieren.

Sie können jedes rohe Gemüse Ihrer Wahl zum Joghurt geben. Früher benutzte ich stets saure Milch für diesen Salat, aber heute ist saure Milch nicht immer ohne Risiko (siehe Notiz auf der Seite 171). Eine köstliche Erfrischung an einem Sommertag! Gegebenenfalls mit einem Eiswürfel abkühlen.

Schimmelkäse-Pâté

300 ml Joghurt
100 g Schimmelkäse
2–4 EL Sahne

Den Joghurt 5 Stunden entwässern (siehe Seite 12). Den entstandenen Käse vorsichtig aus dem Tuch schaben. Den entwässerten Joghurt mit dem Schimmelkäse und soviel Sahne verrühren, bis die gewünschte Konsistenz erreicht ist. Bis zum Verzehr kaltstellen. Die Masse wird ziemlich fest.

Diese Schimmelkäse-Pâté eignet sich gut als Füllung für Obst (besonders für Birnen) oder in Blätterteigpasteten, für gefüllte Tomaten oder Sellerie oder auch als Salatdressing. Dafür nehmen Sie dann mehr Sahne oder mehr Milch (am besten Vorzugsmilch). Anstelle des entwässerten Joghurts können Sie auch 100 g Quark oder Hüttenkäse verwenden.

Käse-Kräuter-Pâté

150 g Butter, zerlassen
3 Knoblauchzehen, zerstoßen
1 EL Petersilie, feingehackt
1 EL Kerbel, gehackt
1 EL Schnittlauch, feingehackt
450 g Frischkäse
Salz und Pfeffer

Die Butter langsam zerlassen und etwas abkühlen. Alle anderen Zutaten zusammen in der Butter schwenken. In einen Behälter geben und bis zum Gebrauch einfrieren. Gut verpackt hält sich das Pâté mehrere Wochen lang. Je nach Bedarf entnehmen.

Vorausgesetzt, Sie essen dieses göttliche Pâté nicht beim „Abschmecken" nach und nach auf, werden Sie es ungemein vielseitig verwenden können: als eine Gemüsefüllung, als Brotaufstrich, zum Spicken von Hühnerhaut vor dem Grillen, mit Obst, als Dressing für heißes Gemüse, als Füllung für Kalb- oder Schweinefleisch oder auf gegrilltem Fleisch. Verwenden Sie verschiedene frische Kräuter dazu.

Hüttenkäse-Klösse

225 g Hüttenkäse
75 g Margarine, zerlassen
75 g Grieß
1 Ei
Salz und Pfeffer

Alle Zutaten miteinander vermengen und 30 Minuten ruhen lassen. Ein Brett leicht bemehlen und die Käse-Masse zu einer Rolle formen. In Scheiben schneiden und die Scheiben zu kartoffelgroßen Klößen formen. In kochendes Salzwasser legen. Die Klöße sind gar, wenn sie an der Oberfläche schwimmen. Abtropfen lassen und zu Fleisch servieren.

Geben Sie frische Kräuter zur Masse und rollen Sie die Klöße in Paniermehl oder feingehackten Nüssen, die Sie vorher in Butter geröstet haben.

Bulgarische Eier

4 Eier
300 ml Joghurt
1 kleine Knoblauchzehe, zerstoßen
Salz und Pfeffer
25 g Butter, zerlassen
½ TL Paprika

Die Eier pochieren. Den Joghurt mit Knoblauch, Salz und Pfeffer vermengen und erhitzen, aber nicht aufkochen lassen. In 4 Portionsschüsseln geben, je ein abgetropftes Ei darauflegen. Paprikapulver in die zerlassene Butter streuen, jedes Ei damit übergießen. Mit warmem Baguette oder Pita sofort servieren.

Dieses Gericht ist ein guter Appetitanreger oder ein leichtes Abendessen. Für ein gehaltvolleres Essen die Anzahl pro Person verdoppeln.

Käse-Schinken-Mousse

1 Salatgurke
175 g Schinken
175 g Frischkäse
2 TL Senf
2 Eier
4 TL Gelatinepulver
3 EL kochendes Wasser

Die Gurke in Scheiben schneiden und mit der Hälfte eine kleine Ringform oder Schüssel auslegen. Den Schinken zerkleinern und mit dem Senf und den Eiern in den Käse verrühren. Die Gelatine im Wasser auflösen, zur Käse-Schinken-Mischung geben. Die verbliebenen Gurkenscheiben untermengen und diese Mischung auf die in der Form liegenden Gurkenscheiben geben. Für mindestens 6 Stunden oder über Nacht zum Festwerden stehen lassen. Aus der Form stürzen und als Hors d'oeuvre oder zusammen mit einem Salat als leichtes Abendessen servieren.

Thunfisch-Mousse

1 200-g-Dose Thunfisch, abgetropft
1 EL Zitronensaft
50 ml Mayonnaise
150 ml saure Sahne
1 EL gehackte Zwiebel
1 EL gehackte Petersilie
2 TL Gelatinepulver
100 ml kochendes Wasser
2 Eiweiß
Salz und Pfeffer

Thunfisch, Zitronensaft, Mayonnaise, saure Sahne, gehackte Zwiebel und die Petersilie im Mixer oder der Küchenmaschine pürieren. Die Gelatine im kochenden Wasser auflösen. Zum Thunfisch-Püree geben und gut verrühren. Die Eiweiß steif schlagen und unter die Masse heben. Nach Geschmack würzen und in eine ausgespülte Form füllen (eine Ringform sieht besonders nett aus). Zum Festwerden kaltstellen, danach aus der Form stürzen.

Mit Kresse und/oder dünnen Orangenscheiben garnieren. Als Hors d'oeuvre oder Teil eines kalten Buffets servieren.

Finnischer Hering

300 ml Joghurt
4 EL Sahne
1 EL scharfer Senf
1 EL Zucker
Dill
1 Ei, hartgekocht und gehackt
1 Topf eingelegte Heringe

Den Joghurt 5 Stunden entwässern (siehe Seite 12). Alle Zutaten außer den Heringen mit dem Joghurt vermengen. Etwas Heringsflüssigkeit dazugeben, bis die Masse dickflüssig ist. Die restliche Heringsflüssigkeit abgießen, die Heringe in Stücke und die Zwiebeln in Scheiben schneiden. Beides zum Joghurt geben und vermengen, bis die Heringe im Joghurt verteilt sind. Bis zum Verzehr kaltstellen.

UNGARISCHE NUDELN

175 g Speck, in Stücke geschnitten
350 g Nudeln, gekocht und abgetropft
50 g Butter
225 g Hüttenkäse
150 ml saure Sahne
Salz und Pfeffer

Den Speck knusprig anbraten, Fett abtropfen lassen und beiseite stellen. Die gekochten Nudeln in eine große Schüssel geben. Butter, Hüttenkäse, saure Sahne, Salz und Pfeffer zugeben und mit den Nudeln verrühren. Den gebratenen Speck obenaufgeben und sofort servieren.

Nehmen Sie mehr Speck, wenn das Gericht gehaltvoller sein soll.

DEUTSCHER HERINGSSALAT

3 Salzheringe, filetiert und kleingeschnitten
2 große Kartoffeln, gekocht und kleingeschnitten
1 große rote Bete, gekocht und kleingeschnitten
1 großer Kochapfel, geschält und kleingeschnitten
1 große Gewürzgurke, kleingehackt
150 ml saure Sahne

Alle Zutaten zusammengeben und vermengen. Die Masse in eine Ringform füllen (Sie können auch eine Schüssel nehmen) und bis zum Gebrauch kaltstellen. Aus der Form stürzen und mit etwas Kresse in der Ringmitte garnieren.

Sie können auch eingelegte Heringe oder anders zubereitete Heringe, die Sie bekommen können, verwenden. Wenn Sie mögen, nehmen Sie mehr Hering als angegeben und geben Sie kleine Stücke kaltes Fleisch, z. B. Roastbeef, dazu. Diese Mischung hört sich ungewöhnlich an, schmeckt aber sehr lecker.

Die Großmutter meines Mannes, von der ich dieses Rezept habe, schnitt alle Zutaten in besonders kleine Stückchen. Es macht zwar viel Arbeit, schmeckt aber noch besser.

Bücklings-Pâté

450 g Bücklingsfilet
225 g Hüttenkäse
1 TL Paprikapulver
Saft einer Zitrone
Pfeffer

Die Bücklingfilets kochen, abtropfen lassen und die Haut entfernen. Die Zutaten im Mixer glatt verrühren. In Portionsschüsselchen oder eine große Schüssel füllen. Vor dem Verzehr kaltstellen.

Um das Pâté etwas cremiger zu machen, fügen Sie ein wenig Sahne hinzu.

Geräucherte-Makrelen-Pâté

ca. 225 g geräuchertes Makrelenfilet
150 ml Joghurt
2 TL geriebener Meerrettich
1 EL Zitronensaft
Salz und Pfeffer

Haut und Gräten vom Fisch entfernen. Alle Zutaten im Mixer glatt vermengen. In Portionsschüsselchen oder eine große Schüssel geben. Vor dem Verzehr kaltstellen.

Dieses Pâté wird ziemlich fest; unter Zugabe von mehr Joghurt wird es cremiger. Es eignet sich gut als Dip für Möhrenscheiben u. ä. Das Pâté sollte sehr gut durchgekühlt serviert werden.

Sardinen-Pâté

1 350-g-Dose Sardinen in Tomatensauce
175 g Hüttenkäse
2 EL Zitronensaft
1 Knoblauchzehe, zerdrückt
Salz und Pfeffer

Alle Zutaten zu einer glatten Masse pürieren.

In Portionsschüsselchen oder einer großen Schüssel servieren, mit Tomatenscheiben oder etwas Petersilie garnieren. Als Dip oder als Füllung für Tomaten oder Sellerie verwenden.

HERING-APFEL-SALAT

1 Topf eingelegte Heringe (ca. 350 g)
1 großer, fester Apfel, in Scheiben geschnitten
150 ml saure Sahne

Die Heringe aus dem Topf nehmen, Flüssigkeit abgießen und in Stücke schneiden. Die Zwiebeln aus dem Heringstopf dazugeben, ebenso den Apfel und die saure Sahne. Alles gut vermengen. Bis zum Verzehr kaltstellen. Möglichst mit Schwarzbrot servieren.

GEMÜSE-CURRY

225 g Aubergine, in Stücke geschnitten
2 EL Öl
50 g Cashew-Nüsse
1 mittelgroße Zwiebel, gehackt
1 Knoblauchzehe, zerdrückt
2 TL Currypulver
1 große Kartoffel, geschält und halbgar gekocht
100 g grüne Bohnen, geputzt
150 ml Wasser
100 g Tomaten, geviertelt
1 TL Garam Masala (indische Gewürzmischung), falls erhältlich
150 ml Joghurt
2 TL Kartoffelmehl (Mondamin)
1 EL Wasser
Salz

Die Auberginen salzen, 30 Minuten einziehen lassen. Das Salzwasser abgießen und die Auberginen trocknen. Öl erhitzen und die Cashew-Nüsse goldbraun anrösten. Aus der Pfanne nehmen und beiseite stellen. Die Zwiebel und den Knoblauch in die Pfanne geben und weich dünsten. Currypulver zufügen und umrühren. Die Auberginen zugeben, 5 Minuten bei schwacher Hitze garen, gelegentlich umrühren. Falls notwendig, etwas Öl dazugeben. Die halbgare, in große Stücke geschnittene Kartoffel mit den grünen Bohnen zugeben. Wasser zugießen, bedecken und kochen, bis die Kartoffel gar ist. Tomaten und Garam Masala hinzufügen, vorsichtig umrühren und einige Minuten weiterkochen lassen. Das Kartoffelmehl mit etwas Wasser zu einem Brei verrühren, unter die Zutaten in der Pfanne verrühren und 3 Minuten erhitzen. Mit den gerösteten Nüssen garnieren und heiß servieren.

Pikanter Käsekuchen

Butter
1 große Zwiebel, in Scheiben geschnitten
4 Eier
225 g Frischkäse
225 g Hüttenkäse
gehackter Schnittlauch
Salz und Pfeffer
Käsekuchenboden aus Kekskrümeln oder Mürbeteig
1 20-cm-Springform

Den Teig in eine Springform geben. Butter erhitzen, die Zwiebel zugeben und glasig dünsten. Die Eier schlagen, bis sie leicht und locker sind. Den Käse mit den gedünsteten Zwiebeln, Schnittlauch, Salz und Pfeffer vermengen. Die Masse unter die Eier heben und in die vorbereitete Form füllen. 40 Minuten bei 180°C/Gas-Stufe 4 backen.

Zusammen mit einem frischen Salat kalt servieren (am besten am nächsten Tag). Porree erhöht den Geschmack, wenn es zusammen mit der Zwiebel in etwas Butter gedünstet wird.

Einige Leute empfinden den Geschmack von süßem Käsekuchen als seltsam, so daß ihnen dieses Variante sicher eher zusagen wird.

Paprika-Champignons

Butter oder Margarine
1 mittelgroße Zwiebel, feingehackt
½ grüne Paprikaschote, feingehackt
1 EL Paprikapulver
350 g Champignons, in Scheiben geschnitten
150 ml saure Sahne
Salz und Pfeffer
gehackte Petersilie

Die Butter erhitzen und die Zwiebel darin glasig dünsten. Die grüne Paprika und das Parikapulver zugeben und 3 Minuten bei schwacher Hitze garen. Die Champignons zugeben und weitere 5 Minuten garen, bis sie weich sind. Die saure Sahne unterrühren, nach Geschmack würzen und nochmals erwärmen.

Mit gehackter Petersilie bestreuen, als Hors d'oeuvre mit warmem Baguette, als Füllung für eine Blätterteigpastete, auf Toast oder mit einem frischen Salat servieren.

PIKANTER KÄSEKUCHEN

Paprika-champignons

Schinken-Käse-Mousse

UNGARISCHE NUDELN

DEUTSCHER HERINGSSALAT

Geräucherte-Makrelen-Pâté

Hering-Apfel-Salat

SARDINEN-PÂTÉ

GULASCH TRANSSYLVANIEN

3

HAUPTGERICHTE

Joghurt und saure Sahne haben in diesem Kapitel das Sagen. Sie eignen sich hervorragend als leichte, cremige Vollendung von Gulaschgerichten, als geschmackliches Gegengewicht zu würzigen Gerichten und als ausgeprägte Geschmacksverfeinerung zu Fleischsorten mit weniger Eigengeschmack. Joghurt kann stets statt saurer Sahne benutzt werden, wenn es auf den Fettgehalt ankommt. Das Gericht wird aber nicht so reichhaltig und möglicherweise auch nicht so ausgewogen sein. Smatana, wenn Sie es bekommen, ist fettarm und liegt im Fettgehalt zwischen Joghurt und saurer Sahne. Ersatzweise können Sie natürlich Joghurt und saure Sahne zu gleichen Teilen mischen.

Tips für Sie

Bereiten Sie eine „Decke" für Moussaka, Lasagne oder Shepherd's Pie zu, indem Sie 2 Eier, 300 ml Joghurt, Salz und Pfeffer vermengen und die Mischung 10 Minuten bei 180°C/Gas-Stufe 4 backen.

Verwenden Sie frischen Kräuterkäse (siehe Seite 32) zu geröstetem oder gegrilltem Huhn oder nehmen Sie als fettärmere Variante entwässerten Joghurt oder Hüttenkäse mit frischen Kräutern gemischt. Davon können Sie kleine Stückchen vor dem Grillen unter die Hühnerhaut bringen.

An jeden Braten und jedes Fischgericht können Sie Joghurt oder saure Sahne anstelle der von Ihnen sonst verwendeten Sahne geben.

Gulasch Transsylvanien

Öl
1 große Zwiebel, feingehackt
2 EL Paprikapulver
700 g Schweinefleisch, gewürfelt
Salz
1 große Knoblauchzehe, zerdrückt
2 TL getrockneter Dill
2 TL Kümmel
300 ml Wasser
700 g Sauerkraut
150 ml saure Sahne

Das Öl erhitzen, die Zwiebel glasig dünsten. Paprikapulver zugeben und verrühren. Schweinefleisch, Knoblauch, Dill und Kümmel zufügen, gut umrühren. Wasser und Sauerkraut zufügen und 75 Minuten bei schwacher Hitze kochen. Die saure Sahne unterrühren und nochmals langsam erwärmen.

Obwohl der Name es vermuten ließe, hat dieses Gulasch nichts Geisterhaftes oder Geheimnisvolles an sich. Es schmeckt auch sehr gut mit Kalbfleisch, das weniger Kochzeit benötigt (ca. 1 Stunde). Frisches Sauerkraut ist natürlich am besten, aber auch Sauerkraut aus dem Glas oder aus der Dose ist gut verwendbar.

Boeuf dijonnaise

Öl
1 große Zwiebel, in Scheiben geschnitten
700 g Rinderfilet, in Streifen geschnitten
Paniermehl
300 ml Rinderbrühe
2 EL Dijon-Senf
150 ml Joghurt

Das Öl erhitzen, die Zwiebel darin glasig dünsten. Die Rindfleischstreifen durch das Paniermehl ziehen und leicht anbraten. Die Brühe und den Senf in die Pfanne dazugeben, gut umrühren. Bedecken und 15 Minuten ziehen lassen. Den Joghurt hineinrühren und nochmals langsam erwärmen.

Mit Reis und Salat servieren.

Sie können auch Filetenden kaufen, sie sind billiger als Filet und eignen sich ebensogut für dieses Rezept.

Rinderhack mit Dill

Öl
1 große Zwiebel, gehackt
700 g Rinderhack
1 EL getrockneter Dill
Salz und Pfeffer
150 ml Joghurt

Das Öl erhitzen, die Zwiebel glasig dünsten. Das Hackfleisch zugeben und bräunen. Überschüssiges Fett abgießen. Dill, Salz und Pfeffer zufügen, bedecken und 30 Minuten leicht kochen lassen. Den Joghurt hineinrühren und nochmals lamgsam erwärmen.

Mit Reis oder Nudeln und einem frischen Salat servieren.

Meine Kinder hoben dieses Gericht aus der Taufe. Es ist eine schnelle und leckere Variante eines alten Lieblingsgerichts.

FLEISCHSTRUDEL

Öl
1 große Zwiebel, feingehackt
1 Knoblauchzehe, zerdrückt
450 g Rinderhack
75 g Reis, gekocht
2 Eier, hartgekocht und gehackt
100 g Hüttenkäse
Salz und Pfeffer
350 g Mürbeteig
1 Ei zum Bestreichen
150 ml saure Sahne

Das Öl erhitzen, die Zwiebel glasig dünsten. Das Hack nach und nach dazugeben und anbräunen. Überschüssiges Fett abgießen. Den gekochten Reis, die gehackten Eier, Hüttenkäse, Salz und Pfeffer zugeben. Gut vermengen und abkühlen lassen. Den Teig dünn ausrollen. Die Hackmasse auf den Teig streichen und zusammenrollen. Die Enden gut verschließen, mit etwas Wasser verkleben. Mit dem Ei bestreichen (Sie können auch nur das Eiweiß nehmen). Die Rolle vorsichtig auf ein Backblech legen. 30 Minuten bei 180°C/Gas-Stufe 4 backen. Mit der sauren Sahne servieren.

LAMMKOTELETT ORANGE

Öl
8 Lammkoteletts
1 TL gemahlener Zimt
Saft von 2 Orangen
Salz und Pfeffer
150 ml Joghurt
1 Eigelb

Das Öl erhitzen, die Koteletts zugeben und anbräunen. Herausnehmen und in eine feuerfeste Form legen. Den Zimt in die Pfanne streuen und umrühren. Den Orangensaft zugießen und aufkochen (den Pfannenboden vom Satz befreien). Den Saft über die Koteletts gießen, würzen, bedecken und 1 Stunde bei 180°C/Gas-Stufe 4 kochen. Den Joghurt mit dem Eigelb verrühren. Die Koteletts aus der Form nehmen und warmstellen. Den Joghurt in den Topf geben, auf kleiner Flamme erhitzen. Die Koteletts in die Sauce geben und sofort servieren.

RINDERHACK-CURRY

Öl
1 große Zwiebel, in Scheiben geschnitten
1 Knoblauchzehe, zerdrückt
700 g mageres Rinderhack
2 TL geriebener Koriander
2 TL gemahlener Kümmel
1 TL Kurkuma (Gelbwurz)
1/2 TL gemahlener Ingwer
Salz
1 EL Kartoffelmehl (Mondamin)
100 ml Wasser
300 ml Joghurt

Das Öl erhitzen, Zwiebel und Knoblauch zugeben und andünsten. Das Hack nach und nach hineingeben und anbräunen. Überschüssiges Fett, das sich angesammelt haben mag, abgießen. Gewürze und Salz zugeben und gut verrühren. Unter ständigem Rühren 5 Minuten kochen lassen. Das Kartoffelmehl mit Wasser zu einem Brei verrühren. Zusammen mit dem Joghurt zum Hack geben. Verrühren, bedecken und 25 Minuten bei schwacher Hitze kochen.

Mit Reis und anderen zu einem Curry gehörenden Beigaben, z. B. Raita (Salat) und Chapati (Fladenbrot), servieren.

LAMM-KORMA

2 große Zwiebeln, in Scheiben geschnitten
4 Knoblauchzehen
1 2,5 cm langes Stück Ingwerwurzel, feingehackt
Öl
1 kg Lammschulter ohne Knochen, Fett ab- und Fleisch in Würfel geschnitten
1 EL gemahlener Koriander
2 TL gemahlener Kümmel
1 TL gemahlener Kurkuma (Gelbwurz)
1 Tomate, enthäutet und kleingehackt
1/4 TL Muskatnuß
1/4 TL gemahlener Zimt
1/4 TL gemahlene Gewürznelke
Salz und Pfeffer
150 ml Wasser
2 TL Kartoffelmehl
1 EL Wasser
150 ml Joghurt

Die Hälfte der Zwiebeln, Knoblauch und Ingwer im Mixer zu einer glatten Masse pürieren. Die verbliebenen Zwiebeln weich dünsten. Aus der Pfanne nehmen und beiseite stellen. Das gewürfelte Fleisch anbraten, gegebenenfalls mehr Öl hinzufügen. Aus der Pfanne nehmen und zu den beiseitegestellten Zwiebeln geben. Die im Mixer pürierte Masse in die Pfanne geben, umrühren und 5 Minuten braten. Die Hitze reduzieren, Koriander, Kümmel und Kurkuma zugeben. Weitere 3 Minuten garen. Die Tomate zugeben und 2 Minuten weitergaren. Die restlichen Gewürze zufügen, unter gelegentlichem Rühren 5 Minuten kochen. Das Fleisch und die Zwiebeln zusammen mit 150 ml Wasser in die Pfanne geben, zum Kochen bringen, bedecken und 30 Minuten ziehen lassen. Das Kartoffelmehl mit dem EL Wasser verrühren und mit dem Joghurt vermengen. Den Joghurt zum Fleisch geben, verrühren und erhitzen.

Mit Reis, Chapatis, Pappadums und Chutney servieren.

Ein Korma ist ein mildes Currygericht. Es ist sehr beliebt, und Muselmanen feiern häufig mit dieser Speise das Ende des Ramadan, der islamischen Fastenzeit. Huhn wird ebenfalls auf diese Art zubereitet, und auch Sie können anstelle von Lamm Hühnerfleisch verwenden.

KAPERN-KOTELETTS

Öl
1 mittelgroße Zwiebel, in Scheiben geschnitten
8 Lammkoteletts
Salz und Pfeffer
300 ml Rinderbrühe
2 TL Kartoffelmehl
1 EL Wasser
150 ml Joghurt
2 Eiweiß
2 EL Kapern
gehackte Petersilie

Das Öl erhitzen, die Zwiebel darin glasig dünsten. Die Koteletts zugeben und anbraten. Überschüssiges Fett entfernen und würzen. Die Brühe zugießen, zum Kochen bringen und 30 Minuten ziehen lassen oder im Herd bei 180°C/Gas-Stufe 4 backen. Maismehl mit 1 EL Wasser verrühren und in die Pfanne geben. Bei schwacher Hitze verrühren, bis die Sauce angedickt ist. Den Joghurt mit den Eiweiß und den Kapern vermengen und in die Pfanne geben. Langsam erhitzen. Mit der gehackten Petersilie bestreuen und sofort servieren.

KÖNIGSBERGER KLOPSE

3 Scheiben Brot, ohne Rinde
350 g Schweinehack
350 g Rinderhack
2 mittelgroße Zwiebeln, gerieben
3 Anchovis, kleingeschnitten
2 Eier, geschlagen
Pfeffer
450 ml Rinderbrühe
2 TL Kartoffelmehl
2 Eiweiß
150 ml saure Sahne
1 TL Kapern
gehackte Petersilie

Das Brot in Wasser einweichen, ausdrücken und unter das Hack mischen. Die Zwiebeln, die geschlagenen Eier, die Anchovis und den Pfeffer zum Hack geben und alles zu einer glatten Masse verarbeiten. Zu kleinen Bällen formen. Die Rinderbrühe zum Kochen bringen und die Fleischbällchen hineinlegen. Nochmals zum Kochen bringen, die Hitze reduzieren und bedeckt 30 Minuten ziehen lassen. Die Fleischbällchen aus dem Topf nehmen und warmstellen. Die Flüssigkeit abmessen und eventuell unter Zugabe von Brühe auf 300 ml auffüllen. In den Topf zurückgießen. Kartoffelmehl (Mondamin) mit wenig Wasser verrühren und in den Topf geben. Rühren, bis die Sauce angedickt ist. Die Eiweiß mit der sauren Sahne mischen, etwas Flüssigkeit aus dem Topf dazugeben, verrühren und in den Topf gießen. 2 Minuten ziehen lassen. Die Kapern und die Petersilie zugeben und die Sauce über die Fleischklopse gießen. Mit gekochten Kartoffeln servieren.

Kapern-Koteletts

Königsberger Klopse

ESTRAGON-LAMM

1 kg Lammschulter ohne Knochen, Fett ab- und Fleisch in Würfel geschnitten
1 TL Salz
1 EL getrockneter oder 2 EL frischer Estragon, gehackt
600 ml Wasser
1 mittelgroße Zwiebel, gehackt
40 g Butter oder Margarine
25 g Mehl
1 EL Estragonessig
1 Eiweiß
150 ml saure Sahne
Pfeffer

Das Lammfleisch zusammen mit dem Salz, dem Estragon, dem Wasser und der Zwiebel in einen großen Topf geben. Zum Kochen bringen und 1 Stunde, oder bis das Fleisch gar ist, bedeckt ziehen lassen. Vor der Weiterverarbeitung das Lammfleisch über Nacht abkühlen lassen und das Fett abschöpfen. Die Butter in einem sauberen Topf zerlassen, vom Herd nehmen und das Mehl hineinrühren. Etwas Flüssigkeit vom Fleisch dazugeben, gut verrühren, bis die Sauce sämig ist. Zum Fleisch geben und den Essig zufügen. 5 Minuten kochen. Das Eiweiß mit der sauren Sahne verrühren. Einige Löffel der heißen Sauce nach und nach dazugeben und das Ganze zum Fleisch zurückgießen, bei ganz kleiner Hitze gut verrühren.

Sie können anstelle des Estragon auch Dill verwenden.

SCHINKEN IN SAURER SAHNE

1,5 kg Schinken im Stück
450 ml Hühnerbrühe
geriebene Zitronenschale
Lorbeerblatt
225 g Möhren, in Scheiben geschnitten
2 große Zwiebeln, in Scheiben geschnitten
100 g kleine Champignons
2 EL Kartoffelmehl
2 EL Wasser
300 ml saure Sahne
Pfeffer

Den Schinken in einen großen Topf legen, mit Wasser bedecken. Zum Kochen bringen, die Hitze reduzieren, bedecken und 45 Minuten ziehen lassen. Die Kochflüssigkeit abgießen (für Brühe oder Linsensuppe verwenden). Das Fett vom Schinken abschneiden und das Fleisch mit der Hühnerbrühe wieder in den Topf geben. Zitronenschale, Lorbeerblatt, Möhren und die Zwiebeln zugeben. Zum Kochen bringen, bedecken und weitere 45 Minuten ziehen lassen. Die Champignons unzerteilt zufügen. Das Kartoffelmehl (Mondamin) mit Wasser vermengen und in die saure Sahne rühren. In den Topf geben und gut umrühren. Mit Pfeffer würzen (Salz ist nicht notwendig), bedecken und 20 Minuten ziehen lassen. Den Schinken in Scheiben schneiden und mit der Sauce begießen.

Ente mit Ananas

4 Enten (ca. 2,5 kg, geviertelt)
Salz und Pfeffer
4 Scheiben Dosen-Ananas und Saft aus der Dose
2 TL Kartoffelmehl
150 ml saure Sahne
½ TL Paprika

Die Ente einstechen und gut würzen. Die Stücke in einem großen Bräter auf ein Drahtgestell legen, damit das Fett abtropfen kann. 10 Minuten bei 220°C/Gas-Stufe 7 anrösten, dann weitere 15 Minuten bei 180°C/Gas-Stufe 4 garen. Das Kartoffelmehl (Mondamin) mit etwas Ananassaft verrühren. Wenn die Ente gar ist, die Teile aus dem Topf nehmen und jedes Teil auf eine Scheibe Ananas auf einen Teller geben. Warmstellen, während sie die Sauce zubereiten. Soviel Fett wie möglich aus dem Bräter schöpfen. Den Kartoffelmehlbrei unter schwacher Hitze zugeben, 2 Minuten kochen lassen. Den restlichen Ananassaft zugießen und die Sauce nochmals erhitzen. Die saure Sahne zugeben und verrühren. Über die Entenstücke geben. Mit Paprika bestreuen und entweder sofort servieren oder zum Warmhalten 15 Minuten unter schwacher Hitze in den Herd stellen.

Gefüllte Paprika

Öl
1 mittelgroße Zwiebel, feingehackt
1 TL Paprikapulver
100 g Reis
150 ml Wasser
450 g Kalbshack
1 400-g-Dose Tomaten
Salz und Pfeffer
4 mittelgroße grüne Paprikaschoten, Stengel und Kerne entfernt
2 Eier
150 ml Joghurt

Das Öl erhitzen, die Zwiebel glasig dünsten. Paprikapulver zugeben und verrühren. Reis und Wasser zugeben, umrühren und 2 Minuten kochen lassen. Die Reismasse mit dem Hack, den Tomaten, Salz und Pfeffer vermengen. Die Masse in die Paprika füllen und diese in eine Kasserolle geben. Übriggebliebenes Hack neben die Paprikaschoten legen und etwas Wasser oder Wein zugeben, wenn nicht ausreichend Flüssigkeit im Topf ist. Bedecken und 45 Minuten bei 180°C/Gas-Stufe 4 backen. Eier und Joghurt vermengen und über die Paprika gießen. Unbedeckt weitere 10 Minuten backen, bis die Ei-Joghurt-Masse obenauf fest geworden ist.

ENTE MIT ANANAS

GEFÜLLTE PAPRIKA

RIND MIT MÖHREN

Öl
1 große Zwiebel, gehackt
750 g Rindergulasch, in Würfel geschnitten
450 g Möhren, in Scheiben geschnitten
1 TL gemahlener Kümmel
1 TL Zucker
300 ml Rinderbrühe
Salz und Pfeffer
250 ml Joghurt

Das Öl erhitzen, die Zwiebel glasig dünsten. Das Fleisch darin anbraten. Möhren, Kümmel und Zucker zugeben, gut umrühren. Die Brühe zugießen und würzen. Zum Kochen bringen, bedecken und im Herd 3 Stunden bei 140°C/Gas-Stufe 1 backen. Aus dem Ofen nehmen, den Joghurt hineinrühren und vor dem Servieren erneut langsam erhitzen.

SAHNE-SCHINKEN

1 Zwiebel, in Scheiben geschnitten
Öl oder Butter
2 TL Mehl
1 225-g-Dose Tomaten
150 ml Weißwein
150 ml saure Sahne
450 g gekochter Schinken, in Scheiben geschnitten
frisch gemahlener Pfeffer

Das Öl erhitzen, die Zwiebel darin glasig dünsten. Vom Herd nehmen und das Mehl hineinrühren, bis es glatt ist. Die Tomaten und den Wein zugeben. Die Tomaten zerkleinern und 1 Minute leicht kochen lassen. Den Schinken zugeben und erhitzen. Die saure Sahne hineinrühren und nach Geschmack mit Pfeffer würzen.

Dies ist eine gute Möglichkeit, Schinkenreste zu verwerten. Auf Nudeln anrichten, mit Parmesankäse bestreuen und vor dem Servieren unter dem heißen Grill bräunen.

PFEFFERSCHWEIN

Öl
4 Schweinesteaks (oder Filet)
1/4 TL Chilipulver
1300-g-Dose Tomaten
2 TL Kartoffelmehl
1 EL Wasser
150 ml Joghurt
Salz

Das Öl erhitzen, das Fleisch leicht anbraten. Überschüssiges Fett entfernen. Das Chilipulver darüberstreuen und verrühren. Die Tomaten zugeben, die Flüssigkeit zum Kochen bringen und die Tomaten zerkleinern. Das Kartoffelmehl mit dem Wasser zu einem Brei verrühren und in die Pfanne geben. Verrühren, bis die Sauce angedickt ist. Den Joghurt zugeben und gut umrühren. Salzen. 1 Stunde bei 180°C/Gas-Stufe 4 garen.

Mit Reis oder Nudeln servieren. Je nach Geschmack können Sie mehr oder weniger Chilipulver verwenden.

GEFÜLLTES HUHN

450 ml Joghurt
1 EL Kartoffelmehl
4 EL Wasser
4 Poussins (Junghühner), Haut entfernt
100 g Reis, gekocht
6 EL Rosinen
4 EL Mandelblätter
Salz und Pfeffer
1 1/2 TL gemahlener Kümmel
1 1/2 TL gemahlener Zimt

Zuerst bereiten Sie die Joghurtsauce zu. Den Joghurt in einen Topf geben. Kartoffelmehl (Mondamin) mit Wasser verrühren. In den Joghurt rühren. Auf schwacher Hitze zum Kochen bringen, Hitze reduzieren und 10 Minuten ziehen lassen, gelegentlich umrühren. Vom Herd nehmen, Kümmel, Zimt, Salz und Pfeffer zugeben und abkühlen lassen, während Sie die Hühner füllen.

Reis, Rosinen, Mandeln, Salz und Pfeffer vermengen und in die Hühner füllen. Die Beine mit einem Faden zusammenbinden. Die Hühner in eine flache feuerfeste Form legen. Die vorbereitete Joghurtsauce darübergießen. 1 Stunde bei 180°C/Gas-Stufe 4 backen. Nach 30 Minuten mit dem Saucenfond begießen. Aus der Form nehmen und in eine Servierschüssel geben. Die Sauce darübergeben.

Mit Gemüse wie Erbsen oder Möhren servieren.

GEFÜLLTES JUNGHUHN

Gefüllte Weinblätter

Öl
1 mittelgroße Zwiebel, feingehackt
50 g Reis
2 TL Paprikapulver
1 mittlere Tomate (ca. 100 g), enthäutet und kleingehackt
500 ml Rinderbrühe
450 g Lamm- oder Kalbshack
Salz und Pfeffer
feingehackte Petersilie
1 TL getrockneter Majoran
225 g Weinblätter (eingemachte, sonst ca. 35 frische Blätter)
2 Eier
225 ml Joghurt

Öl erhitzen, die Zwiebel darin glasig dünsten. Reis und Paprika zugeben, gut verrühren. Die Tomaten zugeben und 3 Minuten kochen. Die Hälfte der Brühe zugießen und zum Kochen bringen. Diese Sauce zum Hack geben, mit Salz, Pfeffer, Petersilie und Majoran würzen. Zu einer glatten Masse verarbeiten. Eingemachte Weinblätter abspülen, frische blanchieren. Die Stengel abschneiden. 1 TL der Fleischmasse auf die rauhe Seite eines jeden Weinblattes geben, aufrollen und die Enden umschlagen. Jede Rolle gut zusammendrücken. Die Rollen in eine feuerfeste Form legen und mit der verbliebenen Brühe auffüllen. Einen Teller auf die Weinblätter legen, damit sie nicht aufgehen, und 45 Minuten ziehen lassen. Die Eier und den Joghurt vermischen; wenn die Weinblätter gar sind, diese Flüssigkeit mit dem Joghurt verrühren. Diese Sauce wieder über die Blätter gießen und auf kleiner Flamme erhitzen oder 10 Minuten bei 180°C/Gas-Stufe 4 backen.

Dieses ist die bulgarische Version eines Rezeptes, das im gesamten Nahen Osten bekannt ist. Weinblätter können — in griechischen oder türkischen Läden — entweder in Dosen oder in Salzlake, gekauft werden. Wenn Sie Weinreben besitzen, ist es besonders schön, davon die eigenen Blätter zu verarbeiten.

Poulet au Roquefort

4 Hühnerteile
Butter
Salz und Pfeffer
300 ml Joghurt
100 g Roquefort oder anderer Blauschimmelkäse
2 TL Kartoffelmehl
1 EL Wasser

Die Hühnerteile in Butter anbraten und in eine Kasserolle legen. Würzen. Joghurt und Käse zu einer glatten Masse verrühren. Das Kartoffelmehl (Mondamin) mit Wasser vermengen und zur Joghurt-Käse-Masse geben. Über die Hühnerteile geben. Bedecken und 50 Minuten bei 180°C/Gas-Stufe 4 backen. Deckel abnehmen und weitere 10 Minuten im Herd bräunen.

Zitro-Puter

600 g Putenfilet
Saft und Schale von 2 Zitronen
150 ml Hühnerbrühe
½ TL Zucker
Salz und Pfeffer
1 EL Kartoffelmehl
1 EL Wasser
150 ml Joghurt

Die Putenfilets der Länge nach in Streifen schneiden. In eine flache Pfanne geben, Zitronensaft und etwas geriebene Schale, Brühe, Zucker, Salz und Pfeffer zugeben. Auf schwacher Hitze 20 Minuten garen. Kartoffelmehl (Mondamin) mit Wasser zu einem Brei verrühren, zum Putenfleisch geben und rühren, bis die Sauce sämig ist. Den Joghurt zugeben, weitere 5 Minuten bei schwacher Hitze garen. Abschmecken.

Mit buntem Gemüse servieren — Möhren oder Erbsen passen gut. Der Sauce eventuell gelbe Lebensmittelfarbe beimischen, da sie sonst ziemlich farblos ist.

Tandoori-Huhn

Tandoori-Huhn

300 ml Joghurt
1 2,5 cm langes Stück Ingwerwurzel, zerstoßen
2 Knoblauchzehen, zerdrückt
Salz und Pfeffer
1/4 TL Garam Masala (indische Gewürzmischung)
1/2 TL roter Chilipfeffer
1 EL Öl
1 TL gemahlener Koriander
1/2 TL rote Lebensmittelfarbe nach Wunsch
1,75–2 kg gebratenes Huhn, in 8 Stücke geteilt
Zitronenscheiben zum Garnieren

Alle Zutaten außer dem Huhn und der Zitrone in einer großen Schüssel vermengen. Die Haut vom Huhn entfernen und die Teile 24 Stunden in der Joghurt-Marinade marinieren. Die Teile von Zeit zu Zeit wenden. Die marinierten Hühnerteile ca. 10 Minuten je Seite grillen, mit der Marinade bestreichen. Mit den Zitronenscheiben servieren.

Dieses ausgesprochen köstliche und einfach zuzubereitende Gericht kann mit indischem Brot — Nan — serviert werden. Einige Anmerkungen sind noch erforderlich. Sie benötigen kleine Teile Hühnerfleisch, sonst ist es schwierig, sie gleichmäßig zu grillen. Poussins (Junghühner) eignen sich besonders gut, aber vielleicht teilt Ihr Schlachter Ihnen eine größere Geflügelart in kleine Teile. Sie können mehr Marinade verwenden, wenn Sie mögen; die angegebene Menge reicht aber aus, und ich nehme davon manchmal nur die Hälfte. Wenn Sie frisches Huhn nehmen, können Sie die marinierten Teile einfrieren. Sie lassen sich gut einfrieren, aber gerade bei Geflügel ist es wichtig, es vor der Weiterverarbeitung vollständig aufzutauen. Die rote Lebensmittelfarbe, die für dieses Gericht kennzeichnend ist, kann ohne Verlust von Aussehen oder Geschmack weggelassen werden, wie mir ein indischer Freund bestätigte.

Putenfilets in Weinsauce

250 ml Joghurt
600 g Putenfilet
Paniermehl
Butter
150 ml Hühnerbrühe
150 ml Weißwein
100 g kleine Champignons, in Scheiben geschnitten
geriebene Muskatnuß
Salz und Pfeffer

Während das Putenfleisch kocht, den Joghurt entwässern (siehe Seite 12). Die Filets im Mehl wälzen. In der Butter leicht anbraten. Die Brühe und den Wein zugießen und bedeckt 30 Minuten ziehen lassen. Den entwässerten Joghurt mit der Muskatnuß und den Champignons zugeben. Abschmecken. Langsam rühren und weitere 10 Minuten kochen lassen.

Sie können auch Putensteaks verwenden, diese haben aber eine längere Garzeit: weitere 10 Minuten, bevor Sie den Joghurt zugeben.

Sesam-Huhn

1 EL Kartoffelmehl
3 EL Wasser
300 ml Joghurt
3 EL Tahini (Sesampaste)
1 große Knoblauchzehe, zerdrückt
Salz und Pfeffer
4 Hühnerteile
2 EL Sesamkörner nach Wunsch

Kartoffelmehl (Mondamin) mit Wasser zu einem Brei verrühren; Joghurt, Tahini, Knoblauch, Salz und Pfeffer zugeben. Die Hühnerteile in eine flache feuerfeste Form legen, die Haut mit einer Gabel einstechen. Die Joghurt-Mischung über die Teile geben. Unbedeckt 50 Minuten bei 180°C/Gas-Stufe 4 backen, ab und zu mit dem Saft begießen. Mit Sesamkörnern bestreuen und 5 Minuten unter dem heißen Grill bräunen.

Beachten Sie die Anmerkung zu Tahini auf Seite 154.

Paprikafleisch

Öl und Butter
450 g Zwiebeln, in Scheiben geschnitten
700 g Kalbfleisch zum Schmoren, gewürfelt
2 EL süßes Paprikapulver
1 große Knoblauchzehe, zerdrückt
2 grüne Paprikaschoten, entkernt und in Streifen geschnitten
3 Tomaten, enthäutet und kleingehackt
300 ml Rinder- oder Kalbfleischbrühe
Salz und Pfeffer
150 ml saure Sahne

Das Öl und die Butter erhitzen, die Zwiebeln darin glasig dünsten. Das Fleisch zugeben und leicht anbräunen. Den Paprika zufügen, verrühren und 2 Minuten kochen lassen. Knoblauch, Paprikaschoten und Tomaten zugeben und gut miteinander vermengen. Brühe zugießen, mit Salz und Pfeffer würzen, zum Kochen bringen und 45 Minuten ziehen lassen. Die saure Sahne unterrühren und nochmals erhitzen.

Mit grünen Nudeln servieren, der farbliche Kontrast läßt das Gericht sehr lecker aussehen.

In Ungarn bedeutet das Wort Paprika im Namen des Gerichtes nicht nur, daß es Paprika enthält, sondern immer auch saure Sahne. Sie können für dieses Gericht auch Hühner- oder Schweinefleisch verwenden.

Kalbfleisch-Auberginen-Schmortopf

700 g Kalbfleisch, gewürfelt
Mehl
Salz und Pfeffer
Öl
3 TL Paprikapulver
2 große Auberginen
1 große Zwiebel, gehackt
225 g Tomaten, enthäutet und gehackt
150 ml trockener Weißwein
2 Eier
300 ml Joghurt

Das Kalbfleisch im Mehl wälzen. Das Öl erhitzen und das Fleisch leicht anbräunen. Paprika zugeben und umrühren. Das Fleisch aus der Pfanne nehmen. Die Auberginen der Länge nach aufschneiden, vorsichtig das Fruchtfleisch entfernen, ohne die Schalen zu verletzen. Die Schalen im heißen Fett bräunen (gegebenenfalls mehr Öl nehmen), aus der Pfanne nehmen. Die Zwiebeln und das kleingeschnittene Auberginenfleisch in die Pfanne geben und leicht anbräunen. Die Tomaten zugeben und weich garen. Den Wein, das angebratene Kalbfleisch, Salz und Pfeffer zugeben, bedecken und auf kleiner Flamme 30 Minuten garen. Die angebräunten Auberginenschalen in eine feuerfeste Form legen, mit der Fleischmischung füllen. Verbliebene Fleischmischung um die Schalen herumgeben. Bedecken und 20 Minuten bei 180°C/Gas-Stufe 4 backen. Die Eier mit dem Joghurt und etwas Salz und Pfeffer verrühren und über die Auberginenhälften geben. In den Herd zurückstellen und unbedeckt weitere 10 Minuten backen, bis die Ei-Joghurt-Masse leicht angebräunt ist.

Hühnerleber mit Avocado

Öl oder Butter
1 mittelgroße Zwiebel, in Scheiben geschnitten
750 g Hühnerleber
Saft einer halben Zitrone
150 ml trockener Wermut
150 ml Joghurt
Salz und Pfeffer
1 Avocado, in Scheiben geschnitten
gehackte Petersilie

Das Öl erhitzen, die Zwiebel darin glasig dünsten. Die Hühnerleber zugeben und unter gelegentlichem Umrühren 5 Minuten kochen. Zitronensaft und Wermut zugießen. Bedecken und weitere 8 Minuten kochen. Den Joghurt unterrühren, nach Geschmack würzen und solange kochen, bis der Joghurt erwärmt ist. In eine flache Servierschüssel geben, mit den Avocadoscheiben belegen und mit der Petersilie bestreuen.

Mit Reis oder Nudeln servieren. Um das Gericht anzureichern, saure Sahne statt Joghurt verwenden.

Huhn in Aspik

150 g Zitronen-Götterspeise
300 ml kochendes Wasser
Saft einer Zitrone
350 g gekochtes Huhn, gewürfelt
100 g Hüttenkäse
1 Stange Sellerie, gehackt
4 dünne Zitronenscheiben

Die Götterspeise im kochenden Wasser auflösen, den Zitronensaft zugeben. Gut verrühren und 75 ml in eine Tasse gießen. Abkühlen lassen. Hühnerfleisch, Käse und gehackten Sellerie mit dem restlichen Gelee vermengen. Zum Festwerden kaltstellen. Wenn das beiseitegestellte Gelee in der Tasse fest geworden ist, stellen Sie die Tasse in einen Topf mit kochendem Wasser und machen Sie es wieder flüssig. Die Zitronenscheiben auf die Hühnerfleisch-Käse-Mischung legen und das flüssige Gelee darübergießen. Vor dem Servieren erneut fest werden lassen.

Räucherfischsalat

600 ml Joghurt
100 ml Schlagsahne
700 g geräucherter Fisch, enthäutet und entgrätet
3 Stangen Sellerie, gehackt
1 50-g-Dose süße Peperoni
1 EL Zitronensaft
Salz und Pfeffer

Den Joghurt 2–3 Stunden entwässern (siehe Seite 12). Die Sahne schlagen und unter den Joghurt heben. Den zerlegten Fisch und die übrigen Zutaten zugeben und verrühren (der Fisch sollte nicht zermust sein). Bis zum Verzehr kaltstellen.

Sie können den Salat auch in einer Ringform fest werden lassen, stürzen und auf Salatblättern anrichten. Mit den in Streifen geschnittenen Dosenpeperoni garnieren.

Makrele oder Forelle eignen sich gut für diesen Salat, der sowohl für ein Hauptgericht als auch für eine Vorspeise (dann aber die halbe Menge) in Frage kommt. Statt Joghurt können Sie auch Fromage blanc benutzen.

HÜHNERSALAT IN ASPIK

Fischkebab

Backfisch

700 g Fischfilet (Schellfisch, Kabeljau, Heilbutt, Seezunge)
1 große Zwiebel, in dünne Scheiben geschnitten
2 TL Kartoffelmehl
2 EL Wasser
250 ml saure Sahne
50 g Butter, zerlassen
2 TL Paprikapulver
Salz und Pfeffer

Den Fisch in eine flache feuerfeste Form legen und mit den Zwiebelscheiben belegen. Das Kartoffelmehl (Mondamin) mit dem Wasser zu einem Brei vermengen und in den Joghurt rühren. Über den Fisch gießen. Mit der zerlassenen Butter beträufeln. Mit Paprika, Salz und Pfeffer bestreuen. 45 Minuten bei 180°C/Gas-Stufe 4 unbedeckt backen.

Fischkebab

1 kg Kabeljau oder anderer im Fleisch fester Fisch
1 EL Korianderkörner
1 EL frischer Ingwer, feingehackt
300 ml Joghurt
rote Lebensmittelfarbe nach Wunsch

Den Fisch in ca. 4 cm dicke Stücke schneiden. Den Koriander und den Ingwer vermengen. Zusammen mit einigen Tropfen Lebensmittelfarbe in den Joghurt rühren. Mit Salz und Pfeffer würzen. Den Fisch in diese Marinade geben und 5–6 Stunden möglichst über Nacht marinieren. Die Fischstücke auf 4 Spieße verteilen, und im Grill oder auf dem Bratrost ca. 7 Minuten grillen, ab und zu drehen. Die Marinade langsam erhitzen und zu den Spießen servieren. Dazu paßt gekochter weißer Reis und ein grüner Salat.

Schellfisch gebacken

700 g geräuchertes Schellfischfilet
3 Eier
450 ml Joghurt
Pfeffer
2 EL geriebener Parmesankäse nach Wunsch

Den Räucherfisch einweichen, abtropfen lassen und zerlegen. Die Eier mit dem Joghurt und etwas frischem Pfeffer verrühren. Unter den Fisch mengen. Die Masse in eine gefettete feuerfeste Form geben, mit dem Parmesankäse bestreuen und unbedeckt 20 Minuten bei 180°C/Gas-Stufe 4 backen. Sie können vor dem Backen gekochten Reis zugeben oder den Fisch — mit Joghurt und Ei vermischt — auch als Füllung für eine Quiche verwenden.

Fisch in Sauerampfersauce

700 g Fischfilet oder 1 kg unfiletierter Fisch
1 grüne Zwiebel (Frühlingszwiebel), feingehackt
75 ml Wasser
75 ml trockener Weißwein
Salz und Pfeffer
100 g Sauerampfer, gewaschen und zerpflückt
150 ml Joghurt oder saure Sahne
2 TL Kartoffelmehl
1 EL Wasser

Den Fisch zusammen mit der Zwiebel, Wasser, Wein, Salz und Pfeffer in eine flache feuerfeste Form geben, bedecken und 30 Minuten bei 170°C/Gas-Stufe 3 backen. Während der Fisch gart, das Wasser vom Sauerampfer abschütteln und 3–4 Minuten bei schwacher Hitze kochen. Der Sauerampfer wird dabei fast breiig. Mit der sauren Sahne zu einer glatten Masse vermengen. (Es ist nicht notwendig, den Sauerampfer richtig zu trocknen.) Das Kartoffelmehl (Mondamin) mit dem Wasser verrühren. Den gekochten Fisch vorsichtig aus der Form nehmen und warmstellen. Die Mehl-Wasser-Masse in die Form geben und erhitzen, bis es eine dickflüssige Sauce ergibt. Die Sahne-Sauerampfer-Mischung zugeben, langsam erhitzen, über den Fisch geben und sofort servieren.

Bekommen Sie keinen Sauerampfer, so können Sie Spinat mit einem Spritzer Zitronensaft nehmen. Das Rezept kann mit vielen Fischsorten zubereitet werden, nehmen Sie den Fisch, den Sie kaufen können oder bevorzugen. Besonders gut schmeckt Rotbarsch, Schellfisch oder Lachs.

Forelle in Joghurt-Mandel-Sauce

4 Forellen, gesäubert
300 ml Fisch- oder Hühnerbrühe
2 EL Kartoffelmehl
2 EL Wasser
150 ml Joghurt
50 g gemahlene Mandeln
50 g Mandelsplitter, geröstet
Salz und Pfeffer

Die Forellen entweder grillen oder backen. Währenddessen die Sauce zubereiten. Die Brühe erhitzen. Kartoffelmehl (Mondamin) und Wasser verrühren, mit dem Joghurt vermengen. Den Joghurt mit den gemahlenen Mandeln, Salz und Pfeffer in die Brühe rühren. Auf kleiner Flamme 5 Minuten kochen und warmstellen, bis die Forellen gar sind. Den Fisch auf einer vorgewärmten Platte anrichten, mit den Mandelsplittern bestreuen. Die Sauce extra dazu reichen.

Diese Sauce können Sie natürlich auch zu anderem Fisch servieren, aber Mandeln passen ganz besonders gut zu Forelle.

Johannisbeer-Schaum

DESSERTS

Nachdem Sie bis jetzt viele interessante Möglichkeiten kennengelernt haben, wie man Joghurt, saure Sahne und Frischkäse in Vorspeisen und Hauptgerichten benutzt, beschreibt dieses Kapitel den Einsatz, den viele Leute wohl für den „richtigen" halten.

Joghurt und Buttermilch sind ein Segen für Köche, die sich innerhalb der Einschränkungen, die ihnen von einer cholesterinarmen Diät auferlegt werden, um Abwechslung bemühen: um sahnige Eisspeisen ohne Sahne, um Götterspeisen, Puddings und Obstdesserts. Dank Joghurt und Buttermilch sind alle nicht nur „zulässig", sondern auch lecker.

Käsekuchen-Fans kommen nicht zu kurz, wie auch viele Backwaren durch Joghurt & Co. angereichert werden. Hier finden Sie auch verführerische Nachspeisen, Leichtes und Herzhafteres.

Tips für Sie

Machen Sie sich Ihr eigenes Müsli mit frischen Früchten: mit Äpfeln, Bananen, Birnen usw.; mit Nüssen; mit Haferflocken; mit Körnern und anderen Getreideprodukten aus Bioladen oder Reformhaus; und — natürlich — mit Joghurt.

Aus einfachem Joghurt machen Sie Ihren eigenen mit der Geschmacksrichtung, die Ihnen schmeckt: je 150-g-Topf geben Sie dazu:
1/2 TL Orangen- oder Rosenwasser
Zucker und Zimt
1 TL Kaffee-Extrakt
Schokoladensirup aus Kakao und Zucker
2 TL Ingwer und Sirup
Rohzucker (vor dem Servieren 30 Minuten zum Auflösen stehen lassen)
Obst — Ananas kleingehackt, frisch oder aus der Dose; Bananenscheiben; Erdbeeren; Himbeeren; Brombeeren; Stachelbeeren; Orangen; Grapefruit; gekochten Rhabarber; Aprikosen; Backpflaumen; Äpfel
1 EL geriebene Haselnüsse (eventuell etwas mehr)
1 EL Honig oder mehr nach Wunsch.

Hüttenkäse mit gekochten Pflaumen oder Rhabarber oder anderen Obstsorten, die schön sauer sind.

150 ml Schlagsahne in 300 ml Fruchtjoghurt verrühren, mit der gleichen Obstsorte wie im Joghurt dekorieren.

Melonenbällchen oder Ananasstücke mit Joghurt, Zucker und etwas Orangenlikör verrühren und mit gerösteten Mandelsplittern bestreuen.

Curd Käse (siehe Seite 11) oder sorgfältig entwässerten Joghurt zu kleinen Bällchen formen und mit einer dicken Zucker-Sirup-Sauce, mit Rosenwasser angemacht, servieren.

Johannisbeer-Schaum

150 ml Joghurt
2 Eier, getrennt
1 EL Creme de Cassis (oder schwarzer Johannisbeersirup)
50 g Streuzucker
225 g Johannisbeeren

Den Joghurt mit dem Eigelb, der Creme de Cassis und dem Zucker verrühren, bis sich der Zucker aufgelöst hat. Vor dem Servieren das Eiweiß steifschlagen und unter die Joghurtmasse heben. Die Johannisbeeren ebenfalls untermengen. In Portionsschälchen anrichten.

Mit Keksen oder Löffelbiskuits servieren.

Sie können den Geschmack durch die Wahl eines anderen Likörs verändern: nehmen Sie Orangenlikör mit etwas geriebener Orangenschale oder Schokoladenlikör mit geraspelter Schokolade. Wenn Sie diese Speise schon vorbereiten wollen, stellen Sie die Joghurtmischung kalt und fügen Sie das Eiweiß und die Johannisbeeren erst kurz vor dem Servieren dazu.

Buttermilch-Creme

4 Eigelb
7 EL Streuzucker
600 ml Buttermilch
3 Eiweiß

Das Eigelb mit 4 EL Zucker und der Buttermilch verschlagen. Auf kleiner Flamme erhitzen, bis die Masse zur Creme angedickt ist. Ständig umrühren und nicht kochen lassen. Die Masse in eine flache Glasschüssel oder in Portionsschälchen füllen. Das Eiweiß steifschlagen. Die verbliebenen 3 EL Zucker unterrühren. Die Hälfte davon in ein Sieb geben, über eine große Schüssel hängen. Kochendes Wasser darübergießen (das hat die gleiche Wirkung wie Pochieren, ist aber einfacher). Das Eiweiß in Häufchen auf die Buttermilchmasse löffeln. Ebenfalls mit dem verbliebenen Eiweiß besetzen.

Es handelt sich hier um eine Variante von Oeufs à la neige, aber ich verdanke sie einer dänischen Freundin, die in Dänemark natürlich Ymer (siehe Glossar) benutzt.

BUTTERMILCH-CREME

BUTTERMILCH-GELEE

Buttermilch-Gelee

600 ml Buttermilch
50 g Streuzucker
Saft und geriebene Schale einer Zitrone
1 EL Gelatinepulver
3 EL kochendes Wasser

Buttermilch, Zucker, Zitronensaft und -schale verrühren. Die Gelatine im kochenden Wasser auflösen, gut umrühren, damit sich keine Klümpchen bilden. Zur Buttermilch geben und gut verrühren. Die Masse in eine angefeuchtete Form füllen und zum Festwerden kaltstellen.

Aus der Form stürzen und mit Beeren oder entkerntem Obst belegen. Dieses finnische Rezept ist so leicht zuzubereiten, wie es sich anhört. Es ergibt ein erfrischendes und leichtes Dessert.

Zwetschen-Mus

450 g Zwetschen (oder Pflaumen)
Zucker nach Geschmack
250 ml Wasser
1 EL Gelatinepulver
3 EL kochendes Wasser
150 ml Joghurt
2 Eiweiß

Pflaumen im Wasser mit Zucker kochen. Die gekochten Früchte durch ein Sieb pürieren. Nachsüßen, falls erforderlich. Die Gelatine in kochendem Wasser auflösen und zum Püree geben. Abkühlen lassen. Wenn das Mus anfängt, festzuwerden, mit dem Joghurt verrühren. Das Eiweiß steifschlagen. Ein wenig steifes Eiweiß unter das Mus heben, damit es locker wird, dann den restlichen Eischnee zugeben. Mindestens 6 Stunden in den Kühlschrank stellen — am besten über Nacht. Je länger es gekühlt wird, um so besser ist dann der Geschmack.

Versuchen Sie dieses Rezept auch mit anderem Obst — mit anderen Pflaumensorten oder sonstigem gekochten Steinobst.

Zwetschen-Mus

ORANGEN-CREME

2 Eier, getrennt
2 EL Streuzucker
Saft und geriebene Schale einer Zitrone
225 g Hüttenkäse
2 EL Orangenlikör

Das Eigelb mit dem Zucker cremig verrühren. Saft und Schale der Zitrone zugeben und vermengen. Den Käse glattrühren und zu dem Eigelb geben. Den Likör zugießen. Das Eiweiß steifschlagen. Erst etwas Eischnee unter die Käsemischung heben, dann den Rest untermengen. In 4 Portionsschälchen geben und sofort servieren.

Wollen Sie die Speise im voraus vorbereiten, dann schlagen Sie das Eiweiß erst kurz vorm Servieren steif und geben es dann erst unter den Käse. Wenn Sie den Eischnee im voraus unter die Käsemischung heben, kann sich das Ganze trennen. In diesem Falle müssen Sie die Creme nur vor dem Servieren noch einmal umrühren.

Nehmen Sie Curd Käse (siehe Seite 11) oder Quark für eine fettärmere Zubereitung der Speise.

RHABARBERCREME-GELEE

600 ml Joghurt
450 g Rhabarber
Zucker nach Geschmack
1 TL Vanille-Extrakt
½ TL gemahlener Zimt oder ein kleines Stück Zimtstengel
250 ml Sahne, geschlagen
15 g Gelatinepulver
2 EL kochendes Wasser

Den Joghurt 3 Stunden entwässern (siehe Seite 12). Den Rhabarber mit dem Zucker, dem Vanille-Extrakt, dem Zimt und soviel Wasser, daß er nicht anbrennt, kochen. Sie benötigen 300 ml gekochten Rhabarber. Den gekochten Rhabarber mit dem entwässerten Joghurt und der geschlagenen Sahne vermengen. Die Gelatine in kochendem Wasser auflösen. Schnell in die Rhabarber-Masse einrühren. In eine ausgespülte kleine Ringform geben und zum Kühlen in den Kühlschrank stellen.

Wenn gewünscht, mit mehr Schlagsahne servieren. Anstelle des Joghurts können Sie auch 225 g Quark, Fromage blanc oder Curd Käse verwenden, wenn Sie diese bevorzugen.

APFEL-PUDDING

600 ml Joghurt
150 ml Schlagsahne
2 Eier
75 g Streuzucker
geriebene Zitronenschale
1 großer Kochapfel, geschält und in Scheiben geschnitten
½ TL gemahlener Zimt
2 EL Zucker

Den Joghurt 4 Stunden entwässern (siehe Seite 12). Die Sahne schlagen und mit dem Joghurt vermengen. Die Eier mit dem Zucker und der geriebenen Zitronenschale verschlagen und unter die Joghurt-Masse geben. In eine flache, gefettete, feuerfeste Form füllen. Die Apfelscheiben darauflegen. Erst mit dem Zimt und dann mit dem Zucker bestreuen. 50 Minuten bei 180°C/Gas-Stufe 4 backen. Noch warm servieren.

Nach Wunsch können Sie anstelle des Joghurts auch 225 g Quark, Fromage blanc oder Curd Käse nehmen.

ORANGEN-CHIFFON

1 EL Gelatinepulver
100 ml Orangensaft
5 EL Streuzucker
2 Eier, getrennt
250 ml Buttermilch
geriebene Orangenschale

Die Gelatine im Orangensaft einweichen. Langsam erhitzen, bis sie aufgelöst ist. Den Topf vom Herd nehmen. 3 EL Zucker mit dem Eigelb zu einer leichten Masse verschlagen. Zur Gelatine geben und auf kleiner Flamme verrühren, bis es andickt. Die Sauce in eine Schüssel geben, die Buttermilch und die Orangenschale dazugeben. Verrühren und kaltstellen, bis es anfängt, festzuwerden. Das Eiweiß steifschlagen. Den verbliebenen Zucker zugeben. Unter langsamem Rühren den Eischnee zur Gelatine geben. Das Chiffon in eine Servierschüssel (oder Portionsgläser) füllen und bis zum Verzehr kaltstellen.

Sie können auch eine Torte zubereiten, indem Sie die Mischung in einen fertigen Teigboden füllen und sie darin kaltstellen. Das Chiffon mit kandierten Früchten oder Schokolade dekorieren.

Orangen-chiffon

MÖHRENKUCHEN

75 g Butter
250 g Streuzucker
3 Eier
300 g Mehl
2 TL Hausnatron
½ TL Salz
½ TL gemahlener Zimt
150 ml Joghurt
350 g Möhren, feingeraspelt
100 g gehackte Walnüsse oder gemischte Nüsse

Die Butter mit dem Zucker cremig rühren. Ein Ei nach dem anderen zufügen. Mehl, Natron, Salz und Zimt durchsieben und zur Joghurt-Butter-Masse geben. Die Möhren und die Nüsse zugeben und langsam unterrühren. In eine gefettete und gemehlte Kuchenform (20 cm) füllen und 45 Minuten bei 180°C/Gas-Stufe 4 backen. Mit einem Messer testen, ob der Kuchen gar ist, sonst noch etwas länger backen.

Probieren Sie als Guß die typisch amerikanische Frischkäse-Kuvertüre auf Seite 154. Falls Ihnen das Ergebnis etwas zu reichhaltig ausfällt, werden Sie feststellen, daß der Möhrenkuchen auch ohne Guß gut schmeckt.

Buttermilchkuchen

225 g Mehl
2 TL Backpulver
1 TL Hausnatron
1/2 TL Salz
50 g Margarine
150 ml Buttermilch

Die trockenen Zutaten durchsieben. Die Margarine in kleine Stücke schneiden und mit dem Mehl usw. vermengen. Die Buttermilch hineinrühren und zu einem weichen Teig kneten. Auf ein leicht gemehltes Brett geben und ca. 1 cm dick ausrollen. Kreisrunde Stücke ausstechen und auf ein leicht gemehltes Backblech setzen. 10–12 Minuten bei 220°C/Gas-Stufe 7 backen.

Heiß mit Butter und Marmelade oder — besser noch — mit Schlagsahne servieren.

Buttermilch-Pfannkuchen

225 g Mehl
1 TL Backpulver
1 TL Hausnatron
1 TL Salz
2 Eier
450 ml Buttermilch
4 EL zerlassene Butter
Butter oder Öl zum Backen

Die trockenen Zutaten in eine große Schüssel sieben. Die Eier verschlagen, bis sie leicht und locker sind. Die Buttermilch in die Eier verrühren. Die Masse mit den trockenen Zutaten glattrühren. Die zerlassene Butter zufügen und verrühren. Die Pfanne erhitzen, etwas Fett hineingeben. Die Pfannkuchen auf jeder Seite goldgelb backen (nehmen Sie je Pfannkuchen ca. 1/2 Tasse Teig, je nach Größe Ihrer Pfanne). Stellen Sie die fertigen Pfannkuchen bei schwacher Hitze in den Herd, während Sie die übrigen Pfannkuchen backen.

Diese Pfannkuchen haben mit den papierdünnen Crepes nichts gemeinsam. Sie werden dick und locker. Mit Butter und Sirup servieren.

VANILLE-SOUFFLÉ

600 ml Joghurt
75 g weiche Butter
3 Eier, getrennt
150 g Streuzucker
1 TL Vanille-Extrakt

Den Joghurt 4 Stunden entwässern (siehe Seite 12). Den entwässerten Joghurt mit der Butter, dem Eigelb und dem Vanille-Extrakt vermengen. Das Eiweiß steifschlagen und den Zucker hineingeben. Etwas Eischnee unter den Joghurt heben, bis die Masse locker ist, dann das restliche Eiweiß untermengen. Eine kleine Soufflé-Form (18x7,5 cm) einfetten und leicht bemehlen. Die Mischung hineinfüllen und 30 Minuten bei 190°C/Gas-Stufe 5 backen.

Sie können auch 225 g Quark, Fromage blanc oder Curd Käse anstelle des Joghurts nehmen.

ZITRONEN-SOUFFLÉ

3 Eier, getrennt
175 g Streuzucker
40 g Mehl
75 ml Zitronensaft
geriebene Zitronenschale
350 ml Joghurt
Puderzucker

In einer Wasserbad-Schüssel das Eigelb mit allen anderen Zutaten vermischen. Die Schüssel in einen Topf mit heißem Wasser stellen. Unter ständigem Rühren kochen lassen, bis die Masse eine dickflüssige, cremige Konsistenz hat. Die Schüssel aus dem Topf nehmen. Das Eiweiß steifschlagen. In die abgekühlte Masse geben. In eine gefettete Soufflé-Form (18x7,5 cm) geben und 40 Minuten bei 170°C/Gas-Stufe 3 backen. Vor dem Servieren mit dem Puderzucker bestreuen.

ZITRONEN-SOUFFLÉ

Nudelpudding

NUDELPUDDING

175 g Hüttenkäse
75 g Frischkäse
150 ml saure Sahne
3 Eier
100 g Zucker
350 g Bandnudeln, gekocht und abgetropft
75 g Rosinen oder Sultaninen
50 g Butter oder Margarine, zerlassen
1 TL gemahlener Zimt
1 TL Zucker

Hütten- und Frischkäse mit der sauren Sahne vermengen. Die Eier mit dem Zucker verschlagen und in die Käse-Mischung geben. Die gekochten Nudeln und die Rosinen zufügen. In eine gefettete, feuerfeste Form füllen, mit der zerlassenen Butter begießen. Zimt und Zucker vermischen und die Nudelmasse damit bestreuen. 1 Stunde bei 180°C/Gas-Stufe 4 backen. Heiß servieren.

Dieser herzhafte mitteleuropäische Nudelpudding hat viele Variationen. Sie können vor dem Backen gehackte Äpfel oder eingeweichte Backaprikosen zur Nudel-Masse geben. Die Käse-Mischung können Sie variieren, indem Sie mehr Hüttenkäse nehmen oder Curd Käse anstelle der sauren Sahne verwenden.

SCHOKOLADENKUCHEN

100 g Butter oder weiche Margarine
175 g Zucker
2 Eier, geschlagen
225 g Mehl
1 TL Backpulver
50 g Kakao
1 TL Hausnatron
250 ml Joghurt
1 TL Vanille-Extrakt

Die Butter mit dem Zucker schaumig schlagen. Die Eier zugeben und weiterschlagen. Mehl, Backpulver, Kakao und Hausnatron durch ein Sieb geben und mit der Butter vermengen. Joghurt und Vanille-Extrakt zugeben, gut verrühren und die Masse in eine gefettete Kuchenform (20 cm) füllen. (Sie können auch 2 kleine Formen oder eine Ringform verwenden.) 25 Minuten bei 180°C/Gas-Stufe 4 backen. Mit einem Messer testen, ob der Kuchen gar ist, sonst etwas länger backen. Die Backzeit hängt von der Kuchenform ab.

Mit angefrorenem Frischkäse (siehe Seite 154) oder mit Puderzucker bestreut servieren.

BUTTERMILCH-KUCHEN

300 g Mehl
225 g Zucker
1½ TL Hausnatron
1 TL Backpulver
1 Prise Salz
1 TL gemahlener Zimt
½ TL gemahlene Gewürznelke
100 g Butter, zerlassen
350 ml Buttermilch
2 Eier

Alle trockenen Zutaten durchsieben. Butter und Buttermilch zugeben, zu einer glatten Masse verrühren. Den Teig in eine gefettete und gemehlte Kuchenform (20 cm) füllen und 40 Minuten bei 180°C/Gas-Stufe 4 backen.

APFEL-PFANNKUCHEN

175 g Mehl, gesiebt
5 EL Rohzucker
1 Ei
225 ml Joghurt
3 mittelgroße Kochäpfel, geschält, entkernt und geraspelt
½ TL gemahlener Zimt
Butter oder Margarine zum Backen

Mehl, Zucker, Ei und Joghurt vermengen und zu einem glatten Teig verrühren. Die geraspelten Äpfel und den Zimt zugeben, vermengen. Die Bratpfanne oder das Backblech leicht fetten und erhitzen. Den Teig löffelweise in die Pfanne geben, ca. 3–4 Stück gleichzeitig backen (hängt vom Durchmesser der Pfanne ab). Die Pfannkuchen wenden, wenn der Teig Blasen wirft. Die fertigen Kuchen warmstellen, bis der ganze Teig verarbeitet ist.

Mit Butter oder Marmelade servieren. Schmecken aber auch sehr gut ohne Beilagen.

APFEL-PFANNKUCHEN

Paschka

175 g Streuzucker
175 g ungesalzene Butter
2 Eigelb
350 g Hüttenkäse, durchgesiebt
150 ml saure Sahne oder Schlagsahne
225 g gemischte getrocknete Früchte
1 TL Vanille-Extrakt

Die Butter mit dem Zucker schaumig schlagen. Das Eigelb nacheinander unterschlagen. Den durchs Sieb gegebenen Hüttenkäse zur Butter geben, gut vermengen. Die übrigen Zutaten zufügen und verrühren. Die Masse in eine Servierschüssel füllen und mindestens 2 Stunden kaltstellen.

Dieser „Käsekuchen ohne Backen" ist eine traditionelle russische Osterspeise. Er ist sehr nahrhaft, daher sollten Sie nur kleine Portionen servieren. Eigentlich wird er in einer kreuzförmigen Form angerichtet, Sie können ihn aber auch in einer schlichten Schüssel servieren.

Joghurtkuchen

150 ml Joghurt
250 g Mehl
3 TL Backpulver
60 ml Öl
175 g Zucker
1 TL Vanille-Extrakt
2 Eier

Alle Zutaten miteinander vermengen. Zu einer glatten Masse schlagen. In eine gut gefettete Kuchenform (20 cm) füllen und 45 Minuten bei 180°C/Gas-Stufe 4 backen. Mit einem Messer prüfen, ob der Kuchen gar ist, sonst etwas länger backen.

Dieses einfache Grundrezept läßt sich vielfach variieren. Sie können einen gedeckten Obstkuchen backen, indem Sie den Boden der Form mit braunem Zucker bestreuen, in Scheiben geschnittene Äpfel, Birnen oder Dosenananas darauflegen, mit dem Teig bedecken und wie oben angegeben backen. Vor dem Backen können Sie dem Teig auch gemischte Früchte oder gehackte Walnüsse zugeben.

Cremiger Käsekuchen

225 g Graham-Kräcker oder Roggenkekse
75 g Butter, zerlassen
450 g Curd Käse
225 g Frischkäse
4 Eier
225 g Streuzucker
1 TL Vanille-Extrakt
300 ml saure Sahne

Die Kräcker zerbröseln und in die zerlassene Butter geben. Verrühren und in eine Kuchenform oder eine Springform (18 cm) geben. Alle Zutaten außer der sauren Sahne miteinander vermengen. Die Masse 3 Minuten schlagen, dann über die Kräcker in der Form geben. 25 Minuten bei 180°C/Gas-Stufe 4 backen. Den Kuchen aus dem Herd nehmen und die Hitze bei offener Herdtür entweichen lassen. Wenn der Kuchen etwas abgekühlt ist, die saure Sahne daraufgeben, den Kuchen in den Herd zurückstellen und 10 Minuten bei 200°C/Gas-Stufe 6 festwerden lassen.

Wie viele Käsekuchen, schmeckt auch dieser am nächsten Tag erheblich besser. Er hält sich in der Tiefkühltrühe.

Griechischer Käsekuchen

Mürbeteig zum Auslegen einer Form von 19 cm Durchmesser
450 g Curd Käse, Hüttenkäse oder Quark
4 Eier
100 g flüssiger Honig
1 TL gemahlener Zimt

Den Teig 15 Minuten bei 180°C/Gas-Stufe 4 backen. Curd Käse, Eier, Honig und Zimt vermengen (am besten im Mixer oder in der Küchenmaschine). Den vorgebackenen Mürbeteigboden mit der Mischung füllen und 30 Minuten bei 180°C/Gas-Stufe 4 backen.

Der griechische Name dieses Kuchens ist Siphnopitta (wörtlich: Kuchen von der Insel Siphnos). Er ist leicht zuzubereiten und eine weitere Variante der Käsekuchenrezepte. Sie können auch Ricotta nehmen, wenn Sie mögen.

Dänischer Apfelkuchen

Mürbeteig zum Auslegen einer Form von 19 cm Durchmesser
5 mittelgroße Kochäpfel, geschält, entkernt und in Scheiben geschnitten
50 ml Wasser
50 g Zucker
1 EL Butter
1 TL gemahlener Zimt
250 ml saure Sahne
2 EL Streuzucker

Den Teig 10 Minuten bei 180°C/Gas-Stufe 4 backen. Mit den Äpfeln, Wasser, Zucker, Butter und der Hälfte des Zimts eine dicke Apfelsauce zubereiten. Wenn die Äpfel gekocht sind, darf keine überschüssige Flüssigkeit darin enthalten sein. Ist das jedoch der Fall, so müssen Sie die Äpfel ungedeckt noch etwas länger kochen. Umrühren, damit sie nicht anbrennen. Die Apfelsauce etwas abkühlen lassen, bevor sie auf dem Teig verstrichen wird. Die saure Sahne über die Apfelsauce löffeln. Den restlichen Zimt mit Zucker vermischen und über die Sahne streuen. 30 Minuten bei 200°C/Gas-Stufe 6 backen.

Am schmackhaftesten ist es, den Kuchen warm (aber nicht gleich aus dem Herd) zu servieren. Er schmeckt aber auch kalt.

AVOCADO-ORANGEN-KÄSEKUCHEN

AVOCADO-ORANGEN-KÄSEKUCHEN

175 g Graham-Kräcker oder Roggenkekse
50 g Butter, zerlassen
1 große Avocado
Saft einer 1/2 Zitrone
75 g Frischkäse
150 ml saure Sahne
1 Orange
2 EL Streuzucker
2 TL Gelatinepulver
1 EL Wasser
1 Eiweiß

Die Kräcker zerbröseln und in die zerlassene Butter geben. Gut vermischen und in eine Kuchenform von 18 cm Durchmesser füllen. Ein Drittel der Avocado abschneiden, auf einen Teller legen und mit Zitronensaft beträufeln. Die restliche Avocado mit dem Zitronensaft, dem Frischkäse, der sauren Sahne, etwas geriebener Orangenschale und dem Zucker in eine Schüssel geben. Alles zu einer glatten Masse verrühren. Die Gelatine mit dem Wasser in einer Schüssel verrühren, die Schüssel in einen Topf mit kochendem Wasser stellen, um die Gelatine aufzulösen. Danach unter die Käse-Avocado-Masse rühren. Das Eiweiß steifschlagen und unterheben. Die Masse in die vorbereitete Form füllen und bedeckt kaltstellen, bis die Masse fest ist. Mit den restlichen Avocadoscheiben und den Orangenspalten dekorieren.

Dieses etwas unübliche Käsekuchenrezept aus Israel nutzt auf vortreffliche Weise den Reichtum dieses Landes an Avocados und Orangen.

BACKÄPFEL

4 Kochäpfel, entkernt
2 EL Butter
2 EL Zucker
150 ml Joghurt
2 EL brauner Zucker
75 g gehackte Nüsse

Kerne ausstechen, die Äpfel in eine flache, feuerfeste Form stellen. Die Butter mit dem Zucker mischen und jeden Apfel damit füllen. Unbedeckt 20 Minuten bei 200°C/Gas-Stufe 6 backen. Den Joghurt mit dem braunen Zucker und den Nüssen vermengen und über die gebackenen Äpfel geben. Weitere 10 Minuten im Herd backen. Heiß servieren.

Backäpfel

Käse-Blinis

Käse-Blinis

Pfannkuchenteig (siehe Seite 33)
350 g Curd Käse
1 Eigelb
1 EL Zucker
Butter

Die Pfannkuchen zubereiten. Den Käse mit dem Eigelb und dem Zucker vermengen. Einen Löffel der Masse auf die gebräunte Seite jeden Pfannkuchens geben, die Pfannkuchen zu einem rechteckigen Paket falten, indem Sie zwei Ecken zur Mitte legen. Die anderen beiden Ecken etwas überlappend ebenfalls zur Mitte legen. Etwas Butter zerlassen, die Pfannkuchen zuerst auf der gefalteten, dann auf der anderen Seite goldbraun backen. Die fertigen Pfannkuchen warmstellen, während Sie die übrigen backen. Heiß servieren.

Blinis lassen sich sehr gut einfrieren, wenn sie abgekühlt in Folie gepackt werden. Sie können sie dann unaufgetaut mit einem Klecks Butter obenauf im Herd aufbacken oder bereits aufgetaut in der Pfanne aufwärmen. Für eine fettärmere Füllung verwenden Sie Hüttenkäse, für eine reichhaltigere Frischkäse.

Diese Pfannkuchen, auch Blinze genannt, sind eine der vielen Köstlichkeiten der jüdischen Küche. Sie stammen von den russischen Blinis oder Blintschiki ab. Blinze heißen nur die Pfannkuchen; die Füllung kann aus Obst, Fleisch oder — wie hier — aus Käse bestehen. Sie werden gewöhnlich mit Apfel-Sauce und/oder mit saurer Sahne serviert.

Erdbeeren-Flan

450 g Erdbeeren
135 g Erdbeer-Götterspeise
300 ml kochendes Wasser
150 ml Joghurt
1 Kuchenboden

Die Hälfte der Erdbeeren pürieren, die schönsten Früchte zum Dekorieren beiseitelegen. Die Götterspeise in das kochende Wasser geben, verrühren, bis sie sich aufgelöst hat. Abkühlen lassen. Das Erdbeer-Püree und den Joghurt in das Gelee rühren. Kaltstellen, bis die Masse anfängt, festzuwerden. In den Kuchenboden füllen und nochmals kaltstellen, bis es fest geworden ist. Mit den übrigen Erdbeeren garnieren.

Sie können dieses Flan mit Himbeeren oder schwarzen Johannisbeeren zubereiten, wenn Sie eine Götterspeise in der entsprechenden Geschmacksrichtung nehmen. Wenn Sie auf den Kuchenboden verzichten, ist die verbliebene Götterspeise-Joghurt-Obst-Mischung auch nicht zu verachten.

Joghurt brûlée

pro Person
Weintrauben, Beeren, Bananenscheiben,
Ananasstücke, Birnen- oder Pfirsichscheiben
2 El Joghurt
1 EL brauner Zucker

Eine kleine Schüssel halbvoll mit dem Obst füllen. Weintrauben halbieren und entkernen. Anderes Obst in dünne Scheiben schneiden. Das Obst mit dem Joghurt bedecken, mit Zucker bestreuen. Die Schüssel in den heißen Grill stellen, bis der Zucker Blasen bildet. Bis zum Verzehr kaltstellen.

Dieses Dessert läßt sich auch für unerwartete Gäste schnell zubereiten. Haben Sie nur ganz wenig Zeit, so können Sie die Portionsschälchen aus dem Grill für 10 Minuten in das Gefrierfach stellen.

Fruchttörtchen

6–8 kleine Törtchenböden, gebacken
100 g Frischkäse
½ TL Vanille-Extrakt, wenn gewünscht
1–2 TL Streuzucker
450 g frisches Obst
(Himbeeren, Weintrauben, Erdbeeren oder rote Johannisbeeren)
Aprikosen-Marmelade zum Glasieren

Den Frischkäse mit dem Vanille-Extrakt und Zucker zu einer cremigen Masse verrühren. Auf die gebackenen und abgekühlten Törtchen geben. Den Käse mit dem Obst (Weintrauben halbieren) belegen. Die Marmelade in einem Topf erhitzen und das Obst damit glasieren.

Wählen Sie viele verschiedene Obstsorten. Sie können auch einen großen Tortenboden backen und ihn mit unterschiedlichem Obst belegen.

Frucht-Törtchen

APRIKOSEN-TORTE

600 ml Joghurt
Mürbeteig für eine Kuchenform von 19 cm Durchmesser
1 400-g-Dose Aprikosen
100 ml Schlagsahne
2 EL Kartoffelmehl
50 g Streuzucker
1 EL Zitronensaft
2 TL Vanille-Extrakt
1 Ei, getrennt

Den Joghurt 3 Stunden entwässern (siehe Seite 12). Den Tortenboden 10 Minuten backen. Die Aprikosen abgießen (den Saft für einen Fruchtsalat aufbewahren) und den Tortenboden mit den Aprikosenhälften belegen. Den entwässerten Joghurt mit der Sahne und allen anderen Zutaten außer dem Ei zu einer glatten Masse verrühren. Das Eiweiß steifschlagen und darunterheben. Die Masse über die Aprikosen geben und 50 Minuten bei 170°C/Gas-Stufe 3 backen.

Sie können anstelle des Joghurts auch 225 g Hüttenkäse oder Quark verwenden.

Joghurt-Teig

100 g Butter oder Margarine, in kleine Stücke zerteilt
175 g Mehl
1 TL Backpulver
75 ml Joghurt

Butter, Mehl und Backpulver vermengen, bis der Teig bröselig ist. Den Joghurt zugeben und gut vermischen. Einige Zeit kneten, bis alle Zutaten sich gut vermengt haben. 1 Stunde oder bis zum Gebrauch kaltstellen.

Dieses Rezept ergibt einen weichen Mürbeteig, den man mit süßen oder herzhaften Zutaten belegen kann.

Käse-Taschen

225 g Curd Käse
100 g Butter
100 g Margarine
225 g Mehl
1 TL Backpulver

Den Käse mit dem Fett verrühren und mit Mehl und Backpulver verkneten. Mindestens 3 Stunden kaltstellen.

Dieser Teig paßt gut zu süßen Torten, dänischen Pasteten und Strudel.

Bei Verwendung als Strudelteig ausrollen, mit gehackten Äpfeln, Marmelade, Rosinen und zerbröselten Cornflakes und Zucker belegen. Zusammenrollen und backen.

Für kleine Teigtaschen den Teig in 5 x 5-cm-große Rechtecke schneiden. Mit Aprikosenmarmelade, feingehackten Äpfeln und Rosinen oder mit einer Käsemischung (siehe unten) füllen. Die Rechtecke zu Dreiecken zusammenfalten oder alle Ecken zur Mitte legen. Mit geschlagenem Ei bestreichen und 30 Minuten backen.

Es mag sich für Sie eigenartig anhören, daß man aus Käse einen leichten Teig zubereiten kann, aber es gelingt.

Käsefüllung:
100 g Frischkäse
1/2 geschlagenes Ei
1 EL Zucker
geriebene Zitronenschale

Alle Zutaten miteinander gut vermengen und die Füllung nach Bedarf verwenden.

Mürbeteig

100 g Mehl
1 Prise Salz
50 g Butter oder Butter und Margarine je zur Hälfte
2 EL kaltes Wasser

Das Salz und das durchgesiebte Mehl in eine Schüssel geben. Die Butter in Stücke schneiden und mit dem Mehl verkneten. Wasser zufügen, zu einem festen Teig verarbeiten und zu einem Ball formen. Auf einem bemehlten Brett zu einem glatten Teig kneten. In Plastikfolie einwickeln und einige Zeit beiseitestellen.

Den Teig auf einer bemehlten Fläche in einer Dicke von 2,5–5 mm ausrollen. Der Teig sollte ca. 5 cm breiter als die Kuchenform sein. Die Form fetten und den Teig hineinlegen. Auf den Boden und an den Rändern andrücken. Den Teigboden an einigen Stellen einstechen und erneut für 30 Minuten ruhig stellen.

Saure-Sahne-Teig

300 g Mehl
200 g Butter oder Margarine
1 Ei
1 EL Rum nach Wunsch
2 EL saure Sahne
75 g Streuzucker

Mehl und Butter miteinander vermengen. Die übrigen Zutaten zugeben und zu einem festen Teig verarbeiten. Gut durchkneten und eine halbe Stunde stehen lassen.

Dieser Teig ist für alle süßen Torten oder Pasteten geeignet. Wenn Sie für eine Torte nicht den ganzen Teig verbrauchen, können Sie aus dem Teigrest leckere Kekse machen oder den Teig ausschließlich zur Verarbeitung zu Keksen verwenden.

Käse-Taschen

BEEREN-BAISERS

Beeren-Baisers

zerstoßene Baisers zum Auslegen einer 18-cm-Kuchenform
350 g Brombeeren
150 ml saure Sahne
2 EL Streuzucker
½ TL Vanille-Extrakt

Eine Kuchenform von 18 cm Durchmesser mit den zerstoßenen Baisers auslegen. Mit den Brombeeren belegen. Saure Sahne, Zucker und Vanille-Extrakt verrühren und über die Brombeeren geben. 20 Minuten bei 180°C/Gas-Stufe 4 backen.

Wenn Sie häufig Baisers backen, werden Sie kein Problem haben, eine ausreichende Menge davon zum Zerbröseln vorrätig zu haben. Andere Beeren als Brombeeren lassen sich zwar auch verwenden, aber gerade Brombeeren ergeben zusammen mit dem süßen Geschmack der Baisers den für das Gericht typischen Geschmack.

Gefrorener Joghurt

225 g tiefgefrorene Himbeeren, Erdbeeren, Blaubeeren oder Johannisbeeren
2 EL Streuzucker
300 ml Joghurt
2 EL Kirschwasser nach Wunsch

Die Beeren nicht auftauen. Mit den anderen Zutaten pürieren. In Portionsschälchen füllen und sofort servieren.

Kekse dazureichen.

Dieses schnell zuzubereitende, cremige Dessert kann allerdings nicht außerhalb des Gefrierfaches aufbewahrt werden. Es kann allenfalls für 1–2 Stunden in das Gefrierfach zurückgelegt werden.

Dieses hervorragende Sofortgericht für unerwarteten Besuch erfordert Beeren aus der Tiefkühltruhe. Ich habe stets einen Vorrat für diese und andere Nachspeisen in Reserve.

KÄSEKUCHEN

Saure-Sahne-Teig (siehe Seite 137)
75 g Butter oder Margarine
75 g Streuzucker
50 g Rosinen
geriebene Zitronenschale
225 g Curd Käse
2 EL saure Sahne
2 Eier, getrennt
1 TL Vanille-Extrakt

Eine 23 cm große Kuchenform mit Saure-Sahne-Teig auslegen und 5 Minuten backen. Etwas Teig zum Garnieren der Torte zurückbehalten. Alle übrigen Zutaten außer den Eiern miteinander vermengen. Das Eiweiß steifschlagen und unter die Masse heben. Auf den vorbereiteten Teig geben, mit dem reservierten Teig in Streifen kreuzweise belegen. 30 Minuten bei 180°C/Gas-Stufe 4 backen.

HIMBEER-BUTTERMILCH-EIS

225 g Himbeeren
100 g Streuzucker
225 ml Buttermilch

Alle Zutaten miteinander pürieren. 6 Stunden im Gefrierfach kaltstellen. Herausnehmen und umrühren. Noch einmal für mindestens 12 Stunden in das Gefrierfach stellen.

Wenn Sie tiefgefrorene Beeren vorrätig haben, können Sie die erste Gefrierzeit um einiges verkürzen.

Käsekuchen

GEFRORENER JOGHURT

Schokoladen-Joghurt-Eis

4 EL Kakao
100 g Zucker
8 EL kochendes Wasser
2 TL Vanille-Extrakt
600 ml Joghurt
100 ml Schlagsahne
2 Eiweiß

Den Kakao mit dem Zucker und dem Wasser dickflüssig verrühren. Wenn sich das Kakaopulver aufgelöst hat, das Vanille-Extrakt unterrühren. Abkühlen lassen. Die Sahne schlagen, den Joghurt mit der Kakaomasse verrühren und unter die geschlagene Sahne mengen. Die Masse in eine flache Schale füllen und in das Gefrierfach stellen. Während des Gefrierens gelegentlich umrühren. Nach ca. 6 Stunden, wenn die Masse gefroren ist, herausnehmen und im Mixer oder der Küchenmaschine zu Mus pürieren. Das Eiweiß steifschlagen und unterrühren. Für mindestens 12 weitere Stunden tiefgefrieren.

Vor dem letzten Tieffrieren können Sie gehackte Walnüsse oder Pecan-Nüsse über das Eis streuen.

Zitronen-Joghurt-Eis

600 ml Joghurt
150 g Streuzucker
2 Zitronen
100 ml Schlagsahne
1 Eiweiß

Den Joghurt mit dem Zucker verrühren, etwas geriebene Zitronenschale dazugeben. Die Sahne schlagen und unterrühren. Die Masse in eine flache Schale füllen und in das Tiefkühlfach stellen. Gelegentlich umrühren. Nach ca. 6 Stunden Gefrierzeit herausnehmen und im Mixer oder der Küchenmaschine zu Mus pürieren. Das Eiweiß in den Mixer dazugeben und mixen, um die Masse leicht und locker zu machen. Für mindestens 12 Stunden in das Tiefkühlfach zurückstellen.

Wenn Sie mögen, können Sie anstelle der Zitronen Orangen oder Grapefruit in gleicher Menge verwenden.

SCHOKOLADEN-JOGHURT-EIS

ORANGEN-BUTTERMILCH-EIS

2 Eier
50 g Streuzucker
200 ml heller Sirup
450 ml Buttermilch
150 ml Orangensaft
geriebene Orangenschale

Alle Zutaten im Mixer pürieren. 3 Stunden in das Gefrierfach stellen. Währenddessen umrühren, damit das Eis cremig bleibt. In das Gefrierfach zurückstellen und über Nacht oder länger tiefgefrieren lassen.

Dieses Eis hält sich, aufbewahrt im Kühlfach, auch über mehrere Wochen und bleibt dabei cremig.

ERDBEER-EIS

225 g pürierte Erdbeeren
75 g Streuzucker
250 ml Joghurt
50 ml saure Sahne oder Schlagsahne
2 Eiweiß

Das Erdbeer-Püree mit dem Zucker vermischen und in den Joghurt und die Sahne verrühren. Die Masse in eine flache Schale füllen und in das Gefrierfach stellen. Während des Tiefgefrierens gelegentlich umrühren. Nach ca. 6 Stunden herausnehmen und im Mixer oder der Küchenmaschine zu Mus mixen. Das Eiweiß steifschlagen und unter die Masse heben. Für mindestens 12 Stunden in das Kühlfach zurückstellen.

Das Eis 30 Minuten vor dem Servieren aus dem Tiefkühlfach nehmen, da es sonst zu fest sein kann.

Um die Zubereitungszeit zu verkürzen, können Sie das steifgeschlagene Eiweiß erst nach dem Einfrieren dazugeben.

ORANGEN-BUTTERMILCH-EIS

ORANGEN-JOGHURT-DRINK

Drinks, Dips, Dressings & Saucen

Dieses merkwürdige Sammelsurium von Rezepten sollte vielleicht besser „Vermischtes" oder „Übriggebliebenes" heißen; es enthält jedoch eine Menge schmackhafter Möglichkeiten, von Milchkulturenprodukten ungewöhnlichen und oft erfrischenden Gebrauch zu machen. Die Abteilung Saucen und Dressings, oft reichhaltig und kalorienreich, erhält hier ein neues, leichtes Aussehen. Frisch und gesund sind auch die Getränke. Wie Sie sehen werden, sind die Rezepte meist kurz und einfach. Vorweg einige noch schnellere Ideen.

Tips für Sie

FÜR DIPS: Geben Sie den Inhalt einer Tüte Zwiebel-, Erbsen- oder Tomatensuppe in 150 ml saure Sahne und kühlen Sie die Mischung für mindestens 3 Stunden. Gegebenenfalls etwas Milch oder Sahne dazugeben, um die richtige Konsistenz zu erreichen;
fügen Sie roten oder schwarzen Kaviar (auch die billigeren Dorschrogen-Sorten) Ihrem Frischkäse und saurer Sahne zu. Mit Möhren- und Selleriesticks und Blumenkohlknospen servieren oder Krabbenkräcker damit bestreichen.

FÜR DRESSINGS: Nehmen Sie Joghurt oder saure Sahne statt Mayonnaise für leichtere Salat-Dressings; auch eine Mischung aus Mayonnaise und entweder Joghurt oder saurer Sahne ergeben ein leichteres Dressing für Kohl- und andere Salate;
bereiten Sie aus Joghurt, zerlassener Butter und frischen Kräutern eine Sauce für Spaghetti und andere Nudelsorten zu.
GEBACKENE KARTOFFELN (oder anderes Gemüse): Hüttenkäse mit saurer Sahne, gehackten Frühlingszwiebeln, Kümmel, Salz und Pfeffer verrühren;
saure Sahne mit gehackter Petersilie mischen;
Frischkäse mit zermuster Avocado;
saure Sahne mit Joghurt verrühren, gehackte Petersilie, Paprika, Salz und Pfeffer zugeben;
saure Sahne mit rotem Kaviar (oder Dorschrogen) und feingehackter Zwiebel und Petersilie vermengen;
saure Sahne mit kleinen Stückchen Räucherlachs mischen.

GETRÄNKE: Joghurt mit Wasser und Salz mischen, gut verschlagen. Gut gekühlt serviert ist dies ein besonders in heißen Gebieten beliebtes Getränk und heißt dort unter anderem Ayran oder Lassi;
Joghurt oder Buttermilch mit einem Löffel Honig verrühren und Pfirsichscheiben oder anderes Obst und Gewürze obenaufgeben;
Buttermilch oder Joghurt mit der gleichen Menge Obstsaft — z. B. Orangen-, Tomaten-, Apfel- oder Johannisbeersaft — vermengen und mit zerstoßenen Eiswürfeln servieren.

Orangen-Joghurt-Drink

für 2 Gläser
200 ml Joghurt
100 ml Milch
Saft und geriebene Schale von 1 Orange
geriebene Zitronenschale
1 TL Honig
25 g Haselnüsse nach Wunsch

Alle Zutaten miteinander mixen. Sofort servieren oder bis zum Verzehr kaltstellen.

Sie können einen Zitrus-Drink noch leichter zubereiten: Mixen Sie das Fruchtfleisch von 1 Orange oder 1 kleinen Grapefruit mit 150 ml Joghurt und süßen Sie nach Geschmack.

Bananen-Shake

für 1 Glas
150 ml Joghurt
1 Banane
Honig nach Geschmack

Alles miteinander mixen. Sofort servieren.

Zitrus-Shake

für 1 Glas
150 ml Joghurt
Saft von 1 Orange
1 Ei
2 TL Honig

Alles miteinander mixen und sofort servieren. Dieses Getränk enthält alle Nährstoffe, die der Körper pro Tag benötigt.

ANANAS-JOGHURT-DRINK

für 1 Glas
150 ml Joghurt
150 ml Ananassaft
1 EL feingehackte Dosenananas
1 Eiswürfel

Alle Zutaten miteinander vermixen. Sofort servieren.

BUTTERMILCH-LIKÖR

für 4 Gläser
600 ml Buttermilch
3 Eiswürfel
1 Eiweiß
50 ml Likör

Alles locker miteinander verschlagen. Sofort servieren.

Nehmen Sie jeden Likör, den Sie vorrätig haben. Geschmacksrichtungen wie Schoko-Pfefferminz, Orange oder Creme de Cassis schmecken sehr lecker. Wenn Sie eine Miniaturflasche nehmen, ist die Menge nur unerheblich weniger als angegeben und reicht für dieses Getränk aus.

SAURE-SAHNE-DIP

150 ml saure Sahne
2 TL getrockneter Dill
2 TL getrocknete Zwiebeln
4 TL gehackte Petersilie
½ TL Senf
Salz und Pfeffer

Alles gut miteinander vermischen und ca. 2 Stunden stehen lassen, damit sich der Geschmack entwickeln kann.

Diesen Dip können Sie zu Möhren, zu Sellerie, Blumenkohl usw. oder als Salatdressing reichen.

In diesem Rezept werden getrocknete Zwiebeln verwendet, weil sie einen milderen Geschmack als frische haben. Wenn Sie frische Zwiebeln verwenden, sollten Sie sehr sparsam damit sein.

HIMBEER-JOGHURT-DRINK

für 4 Gläser
600 ml Joghurt
8 Eiswürfel
2 Eiweiß
175 g Himbeeren
Zucker nach Geschmack

Alle Zutaten miteinander mixen, bis die Eiswürfel zerstoßen sind. Sofort in hohen Gläsern servieren, nach Wunsch mit Minz- oder Himbeerblättern garniert.

Variationen dieses Drinks sind leicht zu machen. Anstelle von Himbeeren nehmen Sie:

2 große, geschälte und in Scheiben geschnittene Birnen;

oder 4 Scheiben Dosenananas;

oder 1 große, in Scheiben geschnittene Mango;

oder 175 g Erdbeeren, Brombeeren, Blaubeeren, schwarze oder rote Johannisbeeren.

TOMATEN-COCKTAIL

für 4 Gläser
450 g Tomaten, enthäutet
300 ml Joghurt
frisches Basilikum
Salz und Pfeffer
1 Prise Zucker
2 Eiswürfel

Den inneren Teil der Tomaten mit den Kernen entfernen (für eine Suppe verwenden) und das Tomatenfleisch mit den anderen Zutaten im Mixer pürieren. Sofort in hohen Gläsern servieren. Mit Basilikumblättern garnieren.

Dieser Cocktail ergibt auch eine gute Salatsauce, dann benötigen Sie nur die Hälfte der angegebenen Menge

GESUNDHEITS-DRINK

für 1 Glas
150 ml Joghurt
100 ml Milch
1 EL klarer Honig
2 EL Weizenkeime
50 g Erdbeeren

Alle Zutaten im Mixer oder in der Küchenmaschine pürieren. Sofort servieren.

FRISCHKÄSE-GUSS

25 g ungesalzene Butter
75 g Puderzucker
geriebene Zitronenschale
225 g Frischkäse

Alle Zutaten im Mixer oder der Küchenmaschine pürieren. Bis zum Gebrauch kaltstellen. Als Guß oder auch als Füllung für Torten verwenden.

Dies ist die gebräuchliche amerikanische Methode, um Möhrenkuchen (siehe Seite 117) mit einem Guß zu versehen. Er eignet sich auch dazu, um Schokoladenkuchen (siehe Seite 122) oder andere Kuchen zu glasieren bzw. mit einem Guß zu versehen.

Um diesen Frischkäse-Guß mit anderen Geschmacksrichtungen herzustellen, lassen Sie die Zitronenschale weg und nehmen Sie statt dessen:
1 TL Vanille-Extrakt;
oder 1 EL Orangensaft und geriebene Orangenschale;
oder 1/2 TL gemahlenen Zimt;
oder 2 EL zerlassene Kuvertüre (Zartbitter-Schokolade)
oder 2 EL sehr starken Kaffee.

JOGHURT-TAHINI-DIP

2 Knoblauchzehen, zerdrückt
150 ml Tahini-Paste
150 ml Joghurt
Saft von 2 Zitronen
Salz und Pfeffer
gehackte Petersilie

Alle Zutaten außer der Petersilie miteinander vermengen. Abschmecken und gegebenenfalls mehr Zitronensaft und Gewürze zugeben. In eine Schüssel füllen und mit der gehackten Petersilie bestreuen.

Als Dip, mit Pita oder Kräckern oder als Beilage zu Gemüse, Salaten, Fleisch- oder Fischgerichten servieren.

Tahini-Paste besteht aus zerstoßenen Sesamkörnern und ist in griechischen Lebensmittelgeschäften, in Reformhäusern und Bioläden und in einigen Supermärkten erhältlich. Sie hat eine sehr feste Konsistenz und gewöhnlich obenauf im Glas eine Schicht Öl. Man sollte die Paste daher vor Gebrauch durchrühren.

MARINADE

600 ml Joghurt
1 kleine Zwiebel, feingeraspelt
1 Knoblauchzehe, zerdrückt
Saft von 1 Zitrone
Salz und Pfeffer

Alles miteinander mixen. Über Rinder-, Lamm-, Hühner- oder Schweinefleisch gießen. Über Nacht einziehen lassen, das Fleisch ab und zu wenden. Herausnehmen, trockentupfen und kochen, rösten oder grillen. Die Marinade langsam erhitzen und mit dem Fleisch servieren.

Eine Senf-Marinade bereiten Sie zu, indem Sie 2 EL scharfen Senf zu den Zutaten geben. Die Marinade dann wie oben angegeben verwenden.

SAURE-SAHNE-ANCHOVIS-DRESSING

150 ml saure Sahne
1 Knoblauchzehe, zerdrückt
4 Anchovisfilets, kleingeschnitten
3 Frühlingszwiebeln, feingehackt
gehackter Dill
Saft von 1 Zitrone
Salz und Pfeffer

Alle Zutaten mixen. Bis zum Verzehr kaltstellen.

Als Salat-Dressing, auf heißem oder kaltem Fisch oder zu gegrilltem Fleisch servieren.

BASILIKUM-DRESSING

250 ml Joghurt
10 Basilikumblätter, feingehackt
1 große Knoblauchzehe, zerdrückt
Salz und Pfeffer

Alles gut miteinander vermischen. Über grünen oder gemischten Salat oder Tomaten- und Zwiebelsalat geben.

Dieses Dressing ergibt auch eine Sauce für Nudeln, dann müssen Sie die angegebene Menge verdoppeln.

Blaukäse-Dressing

150 ml saure Sahne
100 g Schimmelpilz-Käse
3 EL Öl
1 EL Essig
Salz und Pfeffer

Alle Zutaten zu einer glatten Masse verrühren. Gegebenenfalls mit etwas Milch dünnflüssiger machen.

Über frischen Salat geben — Salatblätter mit diesem Blaukäse-Dressing sind eine schmackhafte Vorspeise.

Kräuter-Käse-Dressing

225 g Curd Käse oder Quark
200 ml saure Sahne
2 Frühlingszwiebeln, feingehackt
1 EL gehackte Petersilie
1 EL gehackter Dill
1 EL Zucker
1 EL gehackte Zwiebel

Alle Zutaten miteinander mixen, damit sich der Käse und die saure Sahne verbinden.

Zu gedünstetem Fisch oder als Salat-Dressing servieren.

Anstelle von Curd Käse (siehe Seite 11) können Sie auch Ricotta verwenden.

Chutney-Dressing

100 ml saure Sahne
100 ml Buttermilch
2 EL Mango-Chutney
1 EL Zitronensaft
2 TL Öl
2 TL Senf
Salz und Pfeffer

Gut miteinander verrühren. Bis zum Verzehr kaltstellen.

Zu Salaten oder kaltem Fleisch oder als Dressing zu hartgekochten Eiern, kaltem Fisch oder Fleisch servieren.

BLAUKÄSE-DRESSING

JOGHURT-TAHINI-DIP

TOMATEN-COCKTAIL

Gesundheits-Drink

Himbeer-Joghurt-Drink

FRENCH DRESSING

1 Ei
100 ml Öl
2 EL Zitronensaft
1 Knoblauchzehe, zerdrückt
frische Kräuter
Salz und Pfeffer
250 ml Joghurt

Ei, Öl, Zitronensaft Knoblauch, Kräuter, Salz und Pfeffer im Mixer verrühren. Den Joghurt langsam unter Rühren zugeben. Bis zum Verzehr kaltstellen — das Dressing wird während der Kühlzeit etwas fester.

So wird es zu einem köstlichen Salat-Dressing. Wollen Sie es fester haben, zum Beispiel um es im Spritzbeutel zu verwenden, können Sie etwas Gelatine zufügen und festwerden lassen. Verwenden Sie Schnittlauch, Fenchel, Petersilie, Estragon oder andere frische Kräuter, die Sie zur Hand haben — oder eine Mischung von allen.

Für ein weniger gehaltvolles Dressing lassen Sie das Ei weg.

KRÄUTER-DRESSING

75 g Frischkäse
250 ml Joghurt oder Buttermilch
Salz und Pfeffer
feingehackte frische Kräuter

Alles miteinander mixen. Bis zum Verzehr kaltstellen. Zu Salaten oder Fisch servieren.

SENF-DRESSING

150 ml Joghurt
1 EL Senf
1 EL Zitronensaft
Salz und Pfeffer

Alle Zutaten gut verrühren. Zu grünem oder Kohlsalat, zu Steaks, Koteletts oder gegrilltem Fisch servieren.

Tomaten-Joghurt-Dressing

150 ml Joghurt
4 TL Tomatenketchup
1 Spritzer Worcestershire-Sauce
1 Spritzer Tabasco-Sauce
Salz und Pfeffer

Alle Zutaten vermengen.

Zu frischem Salat oder als Dressing zu Meeresfischen servieren.

Als Variation dieses Rezepts nehmen Sie feingehackte rote oder grüne Paprika, gehackte hartgekochte Eier und gehackte Frühlingszwiebeln.

Joghurt-Creme-Dressing

600 ml Joghurt
150 ml Schlagsahne
einige Tropfen Zitronensaft
Streuzucker zum Abschmecken

Den Joghurt 3 Stunden entwässern (siehe Seite 12). Die Sahne schlagen und unter den Joghurt geben. Den Zitronensaft und den Zucker zugeben und umrühren, bis sich der Zucker aufgelöst hat.

Nach Bedarf verwenden. Es paßt gut als Dressing über Fruchtsalat oder in einen Fruchtsalat hinein. Auch über einzeln angerichtete Früchte wie Beeren, Ananas, Bananen oder Mangos schmeckt dieses Dressing.

Sie können mehr Zitronensaft zugeben, dazu etwas geriebene Schale oder auch Orangensaft und -schale verwenden. Anstelle des Joghurts können Sie 225 g Quark, Fromage blanc oder Curd Käse nehmen.

Tomaten-Joghurt-Dressing

GURKEN-DILL-SAUCE

GURKEN-DILL-SAUCE

1 mittelgroße Gurke, geschält
25 g Butter
150 ml Hühner- oder Fischbrühe
150 ml trockener Weißwein
2 EL frischer Dill, gehackt oder 1 EL getrockneter Dill
4 TL Kartoffelmehl
2 EL Wasser
100 ml saure Sahne oder Joghurt
Salz und Pfeffer

Die Gurke grobraspeln und in eine Pfanne geben. Butter zugeben und die Gurke auf kleiner Flamme weichgaren. Die Brühe, Wein und Dill zugeben und 5 Minuten ziehen lassen. Das Kartoffelmehl (Mondamin) mit dem Wasser verrühren. In die Pfanne geben, umrühren, bis die Sauce eindickt. Die saure Sahne oder den Joghurt zugeben und erhitzen. Nach Geschmack würzen.

Heiß oder kalt zu Lachs oder anderem Fisch servieren. Die Sauce paßt auch zu pochierten Eiern, gekochten Kartoffeln, Reis oder Nudeln.

DILL-SAUCE

50 g Butter oder Margarine
1 EL Mehl
250 ml Wasser
Salz und Pfeffer
1 EL getrockneter Dill
1 EL Essig
1 TL Zucker
150 ml Joghurt oder saure Sahne

Die Butter zerlassen, den Topf vom Herd nehmen und das Mehl unterrühren. Unter ständigem Rühren das Wasser zugießen, bis eine sämige Sauce entsteht. Würzen und auf den Herd zurückstellen. Dill, Essig und Zucker zugeben, auf kleiner Flamme 5 Minuten kochen lassen. Joghurt oder saure Sahne zugeben, erneut erhitzen.

Diese schmackhafte Sauce paßt zu Koteletts oder Steaks ebenso wie zu gedünstetem Fisch.

Heisse Meerrettich-Sauce

2 TL geriebener Meerrettich
150 ml Joghurt
1 TL Zitronensaft
1 EL Wasser
1 TL Kartoffelmehl
Salz und Pfeffer

Alle Zutaten in eine Pfanne geben und mit dem Kartoffelmehl (Mondamin) und dem Wasser zu einer Paste verrühren. Unter ständigem Rühren 5 Minuten auf kleiner Flamme kochen.

Sie können geriebenen Meerrettich aus der Tube nehmen, aber auch frischen, falls er erhältlich ist.

Kalte Meerrettich-Sauce

2 EL vorgefertigte Meerrettich-Creme
150 ml saure Sahne

Die Meerrettich-Creme in die saure Sahne rühren. Einige Stunden kaltstellen.

Beide Meerrettich-Saucen passen gut zu Roastbeef, Hamburgern, Steaks und zu gebratenem oder geräuchertem Fisch.

Curry-Sauce

Butter oder Margarine
1 mittelgroße Zwiebel, feingehackt
1 TL Currypulver
1 EL Kartoffelmehl
2 EL Wasser
300 ml Joghurt
2 EL Chutney nach Wunsch
1 EL Kokosraspeln nach Wunsch

Die Butter erhitzen und die Zwiebel darin glasig dünsten. Das Currypulver unterrühren und 1 Minute auf kleiner Flamme kochen lassen. Kartoffelmehl (Mondamin) mit dem Wasser zu einem Brei verrühren und zum Joghurt geben. Diese Mischung in die Pfanne geben, gut umrühren und weitere 5 Minuten kochen. Das Chutney und die Kokosraspeln erst kurz vor dem Servieren dazugeben.

Diese Curry-Sauce gibt vielen Speisen die richtige Würze. Sie paßt zu hartgekochten Eiern oder Fisch, zu Reis, kaltem Fleisch, Huhn und Gemüse.

Curry-sauce

ACIDOPHILUS-MILCH wird Darmkranken verschrieben, die sich einer Behandlung mit bestimmten Antibiotika unterzogen haben.

BUTTERMILCH wird heutzutage eher ein aus entrahmter Milch hergestelltes Milchfermenterzeugnis sein als die Milch, die traditionell beim Buttern übrigblieb. Beides ist auf jeden Fall fettarm. Pur ist Buttermilch ein erfrischendes Getränk; sie stellt auch die Grundlage für verschiedene Getränke dar und eignet sich vorzüglich zum Backen von Kuchen, Pfannkuchen und Gebäck.

CREME FRAICHE ist auf französisch erst recht irreführend, da sie gar keine frische Sahne ist. Der frischen, warmen Sahne wird ein Milchferment, z. B. Buttermilch, beigefügt. Sie wird auf die gleiche Art und Weise wie Joghurt gegoren. Französische Köche ziehen sie vor, weil sie etwas leichter und lockerer ist als frische Sahne. Sie hält sich auch länger als diese.

CROWDIE ist ein hüttenkäseähnlicher schottischer Frischkäse. Er läßt sich aus Buttermilch herstellen und enthält manchmal Haferflocken.

CURD KÄSE darf als die einfachste Weichkäsesorte überhaupt gelten. Er wird gewonnen, indem man einem beliebigen Sauermilchprodukt die Molke entzieht (siehe Joghurt entwässern Seite 12). Um Curd Käse aus Frischmilch zu gewinnen, muß man der Milch sowohl eine Kultur als auch ein Lab zufügen. Wie dick der Rahm ist, hängt von der Entwässerungszeit ab. Er kann entweder feucht und weich oder trocken und bröselig sein. In der industriellen Herstellung unterscheidet er sich vom Hüttenkäse dadurch, daß er umgerührt und nicht durchgeharkt wird. Wie bei Joghurt oder Quark, variiert der Fettgehalt. Unter verschiedenen Namen — von fettarm bis vollfett — beträgt der Prozentsatz bis zu 2%, 2–10%, 10–20% und über 20% Fett in der Trockenmasse. Die Vollfettstufe wird gelegentlich Cream Käse genannt. Sie können dafür ohne weiteres Hüttenkäse oder Quark verwenden.

DEMI SEL ist ein auch in Deutschland erhältlicher Frischkäse. Er ist leicht gesalzen und enthält mindestens 40% Fett in der Trockenmasse.

FELISOWKA ist eine in Polen hergestellte, gegorene Buttermilch mit einem Alkoholgehalt von bis zu 1,2%.

FILBUNKE ist eine schwedische Sauermilchvariante, die mit Zucker und Zimt und Ingwerkeksen serviert wird.

FRISCHKÄSE wird auf die gleiche Weise wie Hüttenkäse oder Curd Käse hergestellt, enthält aber mindestens 45% Fett. Es gibt sogar eine Vollfettstufe mit mindestens 65% Fettgehalt. Kalorienbewußte können selbstverständlich auf die fettärmeren Produkte wie Hüttenkäse oder Quark zurückgreifen.

FROMAGE BLANC ist für alle praktischen Zwecke die französische Bezeichnung — oder jedenfalls die französische Entsprechung — für Quark. In unserem Nachbarland ist er in Fettstufen von 0 bis 60% erhältlich. Sein Wassergehalt hängt davon ab, wieviel Molke entzogen wurde. Er ist jedenfalls wäßriger als Curd Käse und, unserem Quark ähnlich, in der Konsistenz einem sehr dicken Joghurt ähnlich. Für Liebhaber der Nouvelle Cuisine wird er ein Begriff sein; französische Küchenmeister ziehen den fettärmeren Fromage blanc der Sahne vor. Ihre Landsleute löffeln liebend gern Fromage blanc mit Früchten als Dessert. Sie können Ihren eigenen Fromage blanc herstellen, indem Sie 100 g Hüttenkäse, 125 ml Joghurt und etwas Zitronensaft verrühren.

GÄRUNG findet statt, wenn die Kultur der Milch beigegeben wird. Sie ist die chemische Reaktion, die die Eigenschaften der Milch bakteriell verändert. Einige der Bakterien verwandeln Milchzucker in Milchsäure, andere stellen Alkohol her, während wieder andere Essigarten hervorbringen. Ungünstigere Bakterien greifen Fett und Eiweiß in der Milch an und geben ihr einen unangenehmen Beigeschmack. Am besten entfalten sich die Bakterien unter kontrollierten Temperaturbedingungen.
Einige sind bei Zimmertemperatur wirksam, während andere etwas mehr Wärme benötigen.

HÜTTENKÄSE oder Cottage Käse wird mit einer Milchbakterienkultur und einem Lab aus entrahmter Milch gewonnen. Der Rahm wird im Faß durchgeharkt; dadurch entstehen die charakteristischen Körner. Hüttenkäse ist reich an Kalk und Eiweiß und empfiehlt sich ganz besonders für eine kalorienbewußte Ernährung. Es gibt ihn pur und mit Zusätzen, am gebräuchlichsten sind Ananas, Apfel und Schnittlauch.

JOGHURT ist der türkische Name des nunmehr international beliebten Milchproduktes. Zwei Mikroorganismen, Lactobacillus bulgaricus und Streptococcus thermophilus, werden der Milch zugesetzt. Joghurt läßt sich zu Hause herstellen (siehe Seite 13). In Armenien heißt er Mazun, in Sizilien Jodda, im Nahen Osten Laban oder Labnie. Im Nahen Osten und in Indien wird er traditionell aus Schafsmilch, in westlichen Ländern aus Kuhmilch gewonnen.

KEFIR kam aus dem Kaukasus, fand aber über Skandinavien nach Deutschland. Er ist ein Sauermilchprodukt, das in den nordischen Ländern sehr beliebt ist. Sein „Starter" enthält sowohl Bakterien als auch Hefe. Kefir ist fettarm, sauer und leicht alkoholisch. In anderen Ländern heißt er Felisowka, Kumiß und Molken-Champagner.

KULTUR oder Ferment ist eine Bakterienfamilie, die auf die Milch angesetzt wird, um Joghurt oder Käse herzustellen. Verschiedene Bakterien bewirken unterschiedliche chemische Änderungen.

KUMISS ist ein Fermentgetränk aus Esels- und Kamelmilch und kommt aus den östlichen Steppen Rußlands und dem westlichen Sibirien. Sein Alkoholgehalt kann bis zu 3% betragen.

LAB wird aus Kalbsmagen gewonnen und ist zur Käseherstellung unerläßlich. Es bewirkt, daß die Milch gerinnt. In Bioläden erhält man auch vegetarisches Lab: ein Ferment auf pflanzlicher Basis.

LASSI ist ein Getränk aus Indien, das aus Joghurt oder saurer Milch, Zucker und zerstoßenen Eiswürfeln hergestellt wird. Es ist sehr erfrischend und daher gerade in warmen Ländern sehr beliebt. Im Libanon und der Türkei heißt ein ähnliches Getränk Ayran.

MECHNIKOW ist ein russisches Milchfermentgetränk, das den Namen des russischen Biologen trägt, der als erster den im Joghurt enthaltenen Mikroorganismus isolierte. Ilja Mechnikow arbeitete am Pasteur-Institut in Paris und erhielt 1908 den Nobel-Preis. Die Langlebigkeit vieler Bulgaren führte er auf deren Joghurtkonsum zurück.

MOLKE ist das, was übrigbleibt, nachdem der Rahm von der Milch abgeschöpft wird. Daher heißt sie auf französisch „petit lait", oder „kleine Milch". Im alten Island wurde sie in Eichenfässern lange aufbewahrt, um angeblich den Geschmack zu verfeinern. Molke diente in Island als Getränk und wird auch heute noch mit Fruchtsäften als Getränk angeboten. Sie diente als Konservierungsmittel und als Marinade. Sie kann statt Milch zum Backen von Brot oder Gebäck benutzt werden. Sie ist mit Zucker und Gewürzen überraschend erfrischend. Sie stellt auch eine Grundlage für Saucen und Brühen dar.

MOLKEN-CHAMPAGNER wird in Polen aus frischer, geklärter Molke gewonnen. Der gekochten Flüssigkeit werden Zucker, Hefe und Karamel zugefügt. Das Getränk wird in luftdichte Flaschen abgefüllt und kalt gelagert, damit die Gärung unterbrochen wird.

PETIT SUISSE ist ein ungesalzener Frischkäse aus Frankreich mit einem Fettgehalt von mindestens 40%. Er stammt aus der Normandie, wo 1850 ein Bauer von seinem schweizerischen Senner den Ratschlag erhielt, seinen Käse mit Sahne anzureichern. Er wird in kleinen runden Bechern verkauft. Französische Kinder essen ihn mit Honig und Obst besonders gern. Als Füllung verleiht er Geflügel zusätzlichen Geschmack.

PIIMA ist ein industriell hergestelltes, der Buttermilch ähnliches Sauermilchgetränk aus Finnland.

QUARK braucht deutschen Lesern nicht weiter vorgestellt zu werden. Er ist jedoch in den Cottage-Käse-Ländern England und Amerika so gut wie unbekannt, während die Franzosen ihren Fromage blanc und die Italiener ihren Ricotta vorziehen.

RICOTTA ist ein italienischer Weichkäse, der manchmal aus Molke gewonnen wird und daher äußerst fettarm ist. Er wird als Füllung in Pastagerichten sowie in vielen Desserts benutzt.

SAUERMILCH entstand früher automatisch, während auf dem Bauernhof die ungekühlte Milch auf ihre Weiterverarbeitung wartete. Die Bakterien wuchsen und gediehen, die Milch wurde „spontan" sauer (heute wird der Prozeß künstlich eingeleitet, um Joghurt, Buttermilch, usw. herzustellen). Heutzutage wird Milch gekühlt, was den Milchsäurebakterien gar nicht gefällt. Wenn die heute erhältliche Milch sauer wird, dann sind andere Bakterien am Werke, die sich bei niedrigen Temperaturen entwickeln. Diese saure Milch sollte man lieber nicht trinken; sie hat auch beim Backen keine „Backpulverwirkung".

SAURE SAHNE ist eine künstlich angesäuerte Sahne mit einem Fettgehalt von 20%. Sie ist ein traditionell wichtiges Milcherzeugnis in Mittel- und Osteuropa, wo sie Smatana heißt.

SKYR ist ein Joghurt, der seit dem 9. Jahrhundert in Island hergestellt wird. Angeblich brachten es frühe Reisende aus dem Nahen Osten mit. Es wird aus entwässerter, entrahmter Milch unter Zusatz von Lab gewonnen und wurde früher den ganzen Winter hindurch in Fässern aufbewahrt. Es wird mit Haferflocken, mit einem rohen Ei, mit Obst, als Aufstrich oder einfach mit Zucker und Sahne gegessen.

SMATANA heißt in Osteuropa unsere saure Sahne, die in Rezepten an ihrer Stelle benutzt werden kann. Es gibt sie in der einfachen und in der Doppelrahmstufe. Beide sind dünnflüssiger und fettärmer als unsere saure Sahne (selbst die Doppelstufe hat nur 12% Fettgehalt gegenüber 18% in saurer Sahne). Sie wird auch wie saure Sahne hergestellt, hat aber einen unverkennbaren eigenen Geschmack, der sehr angenehm ist und eine interessante — preiswertere und kalorienärmere — Alternative zur herkömmlichen sauren Sahne darstellt.

VIILI ist eine traditionelle, hausgemachte, geronnene Milch aus Finnland.

YMER ist ein sahniger, homogenisierter Rahm aus fettarmer Milch. In Dänemark, wo er herkommt, wird er wie Joghurt als Zwischenmahlzeit oder zum Frühstück gegessen. Die Herstellungsmethode gewährleistet den markanten Geschmack, der teilweise auf der Beigabe von Sahne beruht (dadurch entsteht ein Fettgehalt von 3,5% und ein Eiweißgehalt von 5%). Es gibt auch eine 10%ige Vollfettstufe. Beide sind köstlich, Dänemark-Reisende sollten nach ihnen Ausschau halten.

ANMERKUNG

Recht herzlich danke ich den vielen Freunden, die mir ihre Rezepte verrieten. Für ihre freundliche Unterstützung danke ich ebenfalls: Antiference Ltd., Deva Bridge Ltd., dem National Dairy Council, dem Milk Marketing Board, Raines Dairy Foods Ltd., Rosslyn Delicatessen, St. Ivel Ltd., Dr. Martin Sarner, Tefal UK Ltd. und Valio Helsinki.

INDEX